BOWL STORIES

BEN DONATH
& VIOLA MOLZEN

teNeues

INHALTSVERZEICHNIS

**AM ENDE EINER ZUGFAHRT VON BERLIN NACH MÜNCHEN
FRAGTE UNS EIN MITREISENDER, AUS WELCHEM GRUND MAN DENN
SIEBEN STUNDEN LANG NUR ÜBER ESSEN REDEN KÖNNE.
WIR LACHTEN UND ANTWORTETEN: „WEIL WIR ESSEN LIEBEN!"**

Wir, das sind Viola Molzen und Benjamin Donath. Uns Wahl-Berliner verbindet die Suche nach neuen Geschmackserlebnissen, erwachenden Kindheitserinnerungen und manchmal auch nach beidem gleichzeitig. Wir kochen für Fleischliebhaber wie auch für Vegetarier, für Allergiker und Veganer – und so haben wir alle Gerichte in diesem Buch entsprechend ausgezeichnet. Am Ende sind der Fantasie jedoch keine Grenzen gesetzt: Ein vegetarisches Gericht wird schnell vegan oder – anders herum – legt man nach Lust und Laune ein Stück Fisch oder Fleisch dazu. Hauptsache, etwas Leckeres und Überraschendes landet am Ende auf dem Teller.

Bei unseren *Bowl Stories* kommt allerdings nichts auf den Teller, sondern alles in die Schüssel. Das ist kein Trend, dem wir folgen, sondern eher unsere Liebeserklärung an das Essen an sich. Eine Schüssel lässt sich bequem in einer Hand halten und überall hintragen. Statt am Tisch isst man auf dem Sofa und schaut dabei seinen Lieblingsfilm, zelebriert ein Frühstück im Bett und oder lässt während des Essens auf dem Fenstersims die Gedanken in die Ferne schweifen. Anders als bei den *Abundance Bowls*, bei denen es um Clean Eating und Superfood geht, definieren wir unsere Schüsselgerichte eher als das ultimative Wohlfühlessen. Zutaten, die sich auf einem Löffel vereinen und sich aber trotzdem gut im Gefäß separieren lassen. Es ist das Miteinander und das Fürsichsein, es sind die Rituale rundherum: Der Löffel, der zum letzten Mal den Innenrand der Schale entlangfährt, das Teilen mit der besten Freundin aus dem großen Topf. Und besonders der Moment, an dem man die Schale in einer Hand hält, mit der anderen den Löffel das erste Mal zum Mund führt und dabei die Augen schließt – das ist Entschleunigung pur.

In unserem Buch präsentieren wir Schüsselgeschichten für Singles und Großfamilien, für leise und laute Momente, für festliche und ganz normale Tage. Es sind Rezepte für all jene, die Lust am Kochen haben und gerne experimentieren, die Altes schätzen und Neues zulassen. Wir teilen mit euch – mit dir – Gerichte für die Seele, bei denen es nur eine einzige Regel gibt: Am Ende muss alles in eine Schüssel passen.

VIOLA & BEN

UNSERE REZEPTE SIND MIT FOLGENDEN SYMBOLEN GEKENNZEICHNET:

 GLUTENFREI

 VEGETARISCH

 LAKTOSEFREI

 VEGAN

SAVORY
BOWLS

SURFING KÖNIGSBERGER KLOPSE

FÜR 2 PERSONEN

ZUTATEN

Klopse
1 Schalotte
25 g Kapern (aus dem Glas)
2 Sardellenfilets (aus dem Glas)
20 g Butter
2 EL Milch
30 g Weißbrotwürfel
250 g Kalbshackfleisch
1 TL Senf
1 EL Schnittlauchringe
1 Ei (Größe M)
Salz, Pfeffer, Zucker
Chiliflakes

Sauce und Garnelen
35 g Butter
25 g Mehl
30 g Sahne
30 g Kapern (aus dem Glas)
Salz, Pfeffer, Zucker
2 Stängel Estragon
4 Garnelen
Pflanzenöl
1 Schuss Wermut

Servieren
Schnittlauchhalme
2 Kapernäpfel, halbiert

ZUBEREITUNG

Klopse
1. Die Schalotte schälen. Dann mit Kapern und Sardellen in kleine Würfel schneiden. Die Butter in einem Topf erhitzen und alles darin anschwitzen. Die Milch zugießen und das Brot einrühren.

2. Kapernmischung, Hackfleisch, Senf, Schnittlauch und Ei vermischen und mit Salz, Pfeffer, Zucker und Chiliflakes abschmecken.

3. In einem Topf 500 ml Salzwasser aufkochen, dann vom Herd nehmen. Aus der Fleischmasse kleine Bällchen formen, in das siedende Wasser geben und in etwa 5 Min. gar ziehen lassen.

Sauce und Garnelen
1. In einem Topf 25 g Butter und Mehl anschwitzen, dann nach und nach das Klopskochwasser einrühren. Sahne, Kapern und etwas Kapernsud zugeben. Die Sauce mit Salz, Pfeffer und Zucker abschmecken und die Klopse hineinlegen.

2. Den Estragon waschen und trocken schütteln. Die Garnelen kalt abspülen und trocken tupfen. Etwas Öl in einer Pfanne erhitzen und die Garnelen darin kurz von beiden Seiten anbraten. Restliche Butter und Estragon zugeben, mit Wermut ablöschen und salzen.

SERVIEREN

Klopse und Sauce in zwei Bowls anrichten und je 2 Garnelen dazulegen. Mit Schnittlauchhalmen und den halbierten Kapernäpfeln dekorieren.

Bowl: Royal Copenhagen

GRÜNKOHL

FÜR 2 PERSONEN

ZUTATEN

Zwiebeln
½ rote Zwiebel
2 EL Apfelessig
2 Lorbeerblätter
5 Pimentkörner
Salz, Zucker

Kohl
100 g Blumenkohl
100 g Grünkohl
Pflanzenöl
10 g Butter
1 TL Tahin (Sesampaste)
½ TL Currypulver
Chiliflakes
Salz, Pfeffer, Zucker

Servieren
geröstete Sesamsamen
80 g Blauschimmelkäse

ZUBEREITUNG

Zwiebeln

1. Die Zwiebel schälen und in Spalten schneiden.

2. In einem Topf 60 ml Wasser mit Essig, Lorbeer, Piment, Salz und Zucker nach Geschmack aufkochen. Die Zwiebel-spalten zugeben und zugedeckt bei schwacher Hitze 5 Min. köcheln lassen.

Kohl

1. Beide Kohlsorten waschen, den Blumenkohl dann in kleine Röschen teilen. Etwas Öl in einer Pfanne erhitzen und die Röschen darin anbraten.

2. Butter, Tahin, Currypulver und Chiliflakes nach Geschmack zugeben und den Blumenkohl mit Salz, Pfeffer und Zucker abschmecken. Herausnehmen.

3. In einem Topf Wasser mit Salz und Zucker aufkochen. Die Kohlblätter darin 30 Sek. blanchieren. Herausheben und kurz in der Pfanne mit dem Blumenkohl schwenken.

SERVIEREN

Blumenkohl, Grünkohl und Zwiebeln in zwei Bowls anrichten. Mit Sesam bestreuen und den Käse grob darüberkrümeln.

KALBSTATAR
& GEBEIZTES EIGELB

FÜR 2 PERSONEN

ZUTATEN

Gebeiztes Eigelb
5 Stängel Koriandergrün
5 Schnittlauchhalme
100 g Zucker
30 g Salz
2 Eigelb (Größe M)

Tatar
20 g Kokosblütenzucker
2 EL Sojasauce
1 TL Limettensaft
1 TL Misopaste (aus dem Asiamarkt)
50 ml Apfelsaft
10 ml Sake (japan. Reiswein)
20 g Sesamsamen
2 Scheiben Sauerteigbrot
170 g Kalbfleisch (Oberschale oder Filet)
8 Stängel Koriandergrün
10 Schnittlauchhalme

Servieren
Schnittlauchhalme

Außerdem
Standmixer (z. B. Vitamix Pro 750)
2 Servierringe (8 cm Ø)

ZUBEREITUNG

Gebeiztes Eigelb
1. Für die Beize Koriandergrün und Schnittlauch waschen und trocken schütteln. Die Kräuter mit Zucker und Salz im Mixer fein pürieren. Etwas Beize in eine Schüssel geben, bis der Boden bedeckt ist.

2. Die Eigelbe auf die Beize setzen. Dann diese vorsichtig mit der restlichen Beize bedecken und etwa 4 Std. kühl stellen. Danach die Beize wieder vorsichtig entfernen.

Tatar
1. Kokosblütenzucker, Sojasauce, Limettensaft, Misopaste, Apfelsaft, Sake und Sesam in einem Topf aufkochen und bei schwacher Hitze 5 Min. einkochen lassen. Dann kalt stellen.

2. Das Brot toasten oder rösten und mit den Ringen zwei Kreise ausstechen.

3. Das Fleisch in kleine Würfel schneiden. Koriandergrün und Schnittlauch waschen, trocken schütteln und getrennt fein schneiden.

4. Fleischwürfel, Koriander und Marinade mischen. Das Tatar dann auf das Brot in die Ringe geben und leicht andrücken. Mit Schnittlauch bestreuen.

SERVIEREN

Die Ringe mit dem Tatar in zwei Bowls setzen, dann abziehen. Je ein gebeiztes Eigelb auf dem Tatar anrichten und mit den Schnittlauchhalmen dekorieren.

Bowl: studio1.berlin

EBLY-BOWL
& ESTRAGONCROÛTONS

ZUTATEN

Croûtons
2 Stängel Estragon
80 g Brioche oder Hefebrötchen
20 ml Pflanzenöl
20 g Butter
Salz

Ebly
Salz
125 g Ebly-Zartweizen
50 g Kohlrabi
50 g Brokkoli
40 g Blumenkohl
25 g Zuckerschoten
60 g Zucchini
2 Stängel Estragon
50 g tiefgekühlte Erbsen
Olivenöl
1 EL Apfelessig
abgeriebene Schale von ¼ Bio-Zitrone
Pfeffer, Zucker

Servieren
10 g Babyspinat
2 Stängel Estragon

ZUBEREITUNG

Croûtons
1. Den Estragon waschen und trocken schütteln. Die Brioche in grobe Stücke zupfen.

2. Das Öl in der Pfanne erhitzen und die Brioche darin gold-gelb rösten. Butter und Estragon zugeben und schwenken, bis die Butter aufschäumt. Die Croûtons auf Küchenpapier abtropfen lassen und leicht salzen.

Ebly
1. Den Ebly in Salzwasser etwa 10 Min. garen. In ein Sieb abgießen und abtropfen lassen. Die Gemüse schälen oder waschen, putzen und in Stücke schneiden. Den Estragon waschen, trocken schütteln und die Blätter abzupfen.

2. Das Öl in einer Pfanne erhitzen und die Gemüse und die Erbsen darin anbraten. Mit Essig ablöschen, mit Estragon, Zitronenschale, Salz, Pfeffer und Zucker nach Geschmack würzen. Den Ebly zugeben und durchschwenken.

SERVIEREN

Spinat und Estragon waschen und trocken schütteln, die Blätter vom Estragon abzupfen. Den Ebly mit den Croûtons in drei Bowls anrichten und mit Spinat und Estragon bestreuen.

Bowl: studio1.berlin

KÜRBISLASAGNE

FÜR 2 PERSONEN

ZUTATEN

400 g Hokkaidokürbis
40 g Butter
abgeriebene Schale von ¼ Bio-Orange
Salz, Pfeffer, Zucker
frisch geriebene Muskatnuss
20 g Crème fraîche
40 ml Orangensaft
30 g Babyspinat
10 g getrocknete Cranberrys
4 Lasagneblätter

Servieren
2 EL Kürbiskerne
Salz
1 EL Kürbiskernöl
10 g Babyspinat

Außerdem
Standmixer (z. B. Vitamix Pro 750)

ZUBEREITUNG

1. Den Kürbis schälen und entkernen. 150 g Kürbis-
   fruchtfleisch in unregelmäßige Dreiecke schneiden
   und beiseitestellen.

2. Das restliche Fruchtfleisch grob würfeln und in einem
   Topf in 20 g Butter anschwitzen. Mit 130 ml Wasser
   aufgießen, mit Orangenschale, Salz, Pfeffer, Zucker und
   Muskat nach Geschmack würzen und weich kochen.

3. Den Kürbis dann mit der Crème fraîche im Mixer
   glatt pürieren. Nochmals abschmecken.

4. Die Kürbisecken in der restlichen Butter anschwitzen.
   Mit dem Orangensaft aufgießen und zugedeckt
   bei schwacher Hitze garen. Mit Salz, Pfeffer und Zucker
   abschmecken. Den Spinat waschen, trocken schütteln
   und mit den Cranberrys unterrühren.

5. Inzwischen die Lasagneblätter nach Packungsangabe
   in Salzwasser garen. Herausnehmen, abtropfen lassen
   und quer halbieren.

SERVIEREN

Die Kürbiskerne mit 1 Prise Salz in einer Pfanne im
Kürbiskernöl anrösten. Den Spinat waschen und trocken
schütteln. Etwas Kürbispüree in zwei Bowls geben,
einige Kürbisecken darauflegen und mit einem halbierten
Lasagneblatt abdecken. So weiterschichten, bis Kürbispüree, Kürbisecken und Lasagneblätter aufgebraucht sind.
Mit Kürbiskernen und Spinat bestreuen.

ROTE-BETE-RISOTTO

FÜR 2 PERSONEN

ZUTATEN

170 g Rote Bete
20 ml Apfelessig
Salz, Pfeffer, Zucker
1 Schalotte
40 g Butter
100 g Arborio-Reis
40 ml Weißwein
¼ Orange
2 EL geriebener Parmesan

Servieren
50 g Blauschimmelkäse
20 g Walnusskerne

ZUBEREITUNG

1. Die Roten Beten schälen und 30 g davon in dünne Scheiben schneiden. Die Scheiben mit Essig, Salz, Pfeffer und Zucker nach Geschmack marinieren und bis zum Servieren beiseitestellen.

2. Die restlichen Beten in 5 mm große Würfel schneiden. Die Schalotte schälen und würfeln.

3. In einem Topf 20 g Butter erhitzen und die Schalotte darin anschwitzen. Den Reis zugeben und mit dem Weißwein ablöschen. Die Rote-Bete-Würfel einrühren und mit heißem Wasser auffüllen, bis der Reis bedeckt ist.

4. Den Reis dann bei mittlerer Hitze garen. Dabei immer wieder rühren und mit heißem Wasser auffüllen, bis der Reis gar ist.

5. Die Orange schälen und in grobe Würfel schneiden. Orangenwürfel, Parmesan und restliche Butter unter das Risotto rühren. Mit Salz, Pfeffer und Zucker abschmecken.

SERVIEREN

Den Käse in grobe Stücke teilen, die Walnusskerne grob hacken. Das Risotto in zwei Bowls anrichten und Käse und Nüsse darauf verteilen. Die marinierten Rote-Bete-Scheiben eindrehen und auf das Risotto legen.

BELUGALINSENSALAT
& SAUERTEIGBROT

FÜR 2 PERSONEN

ZUTATEN

Brotcreme
250 g Sauerteigbrot
60 g Schalotten
Pflanzenöl
150 g Sahne
20 g Butter
Salz, Pfeffer

Brotchips
60 g Sauerteigbrot
2 EL Pflanzenöl
Salz

ZUBEREITUNG

Brotcreme
1. Den Backofen auf 220 °C vorheizen, ein Backblech mit Backpapier belegen. Das Brot in grobe Würfel schneiden, auf dem Blech verteilen und im Ofen goldgelb rösten.

2. Inzwischen die Schalotten schälen und in Ringe schneiden. Etwas Öl in einem Topf erhitzen und die Ringe darin goldbraun rösten. Das Röstbrot einrühren, Sahne und 350 ml Wasser zugießen und aufkochen.

3. Die Brotmischung mit der Butter im Mixer cremig pürieren. Mit Salz und Pfeffer abschmecken und bis zum Servieren abgedeckt beiseitestellen.

Brotchips
1. Das Brot in 1 mm dünne Scheiben schneiden. Das Öl in einer Pfanne erhitzen und die Scheiben darin knusprig braten. Auf Küchenpapier abtropfen lassen und leicht salzen.

Linsensalat
80 g Belugalinsen
Salz
50 g Staudensellerie
1 Kartoffel (festkochend)
50 g Möhre
1 Schalotte
1 EL Pflanzenöl
abgeriebene Schale von ½ Bio-Zitrone
1 TL Balsamicoessig
Pfeffer, Zucker
3 Stängel Petersilie

Außerdem
Standmixer (z. B. Vitamix Pro 750)
Spritzbeutel mit Lochtülle

Linsensalat

1. Die Linsen in Salzwasser bei mittlerer Hitze 15 Min. bissfest garen. In ein Sieb abgießen.

2. Staudensellerie, Kartoffel, Möhre und Schalotte schälen und in 5 mm große Würfel schneiden. Das Öl in einer Pfanne erhitzen und das Gemüse darin anschwitzen. Die Linsen zugeben, durchschwenken und vom Herd nehmen.

3. Zitronenschale und Essig zugeben und den Salat mit Salz, Pfeffer und Zucker abschmecken. Die Petersilie waschen, trocken schütteln, fein hacken und unterrühren.

SERVIEREN

Den Linsensalat in zwei Bowls anrichten. Die Brotcreme in den Spritzbeutel füllen und in Tupfen daraufspritzen (oder die Creme mit zwei Löffeln darauf verteilen). Die Brotchips dazulegen.

BIRNE, BOHNE & SPECK

FÜR 2 PERSONEN

ZUTATEN

Birnen-Bohnen-Püree
250 g grüne Bohnen
200 ml Birnensaft
Salz
3 Stängel Bohnenkraut
3 TL Saucenbinder
½ TL Matchapulver
Salz, Pfeffer, Zucker

Bohne & Speck
125 g Edamame in der Schale
 (Sojabohnen)
Salz
100 g geräucherter Bauchspeck
1 Birne

Außerdem
Standmixer (z. B. Vitamix Pro 750)

ZUBEREITUNG

Birnen-Bohnen-Püree
1. Die Bohnen waschen und putzen. Den Birnensaft mit
   100 ml Wasser in einem Topf aufkochen. Die Bohnen
   darin 5 Min. blanchieren, in eiskaltem Wasser abschrecken
   und kalt stellen.

2. Den Saucenbinder in den Bohnensud einrühren und
   andicken, dann etwas abkühlen lassen.

3. Das Bohnenkraut waschen, trocken schütteln und
   die Blätter abzupfen. Den Bohnensud mit den Bohnen
   im Mixer cremig pürieren. Bohnenkraut, Matchapulver,
   Salz, Pfeffer und Zucker untermixen, dann nochmals
   abschmecken.

Bohne & Speck
1. Die Edamame in kochendem Salzwasser 5 Min. garen.
   Danach in ein Sieb abgießen und die Bohnen aus
   den Schalen lösen.

2. Den Speck in dünne Scheiben schneiden. Die Birne waschen,
   halbieren und entkernen. Die Hälften längs in hauchdünne Scheiben schneiden.

SERVIEREN

Die Birnenhälften fächerartig auseinanderziehen,
zu einem Ring formen und in zwei Bowls setzen.
Das Püree im Birnenring anrichten und die Edamame
darauf verteilen. Den Speck dazulegen.

Bowl: studio1.berlin

HIMMEL & ERDE

FÜR 3 PERSONEN

ZUTATEN

Petersilienmayonnaise
8 Stängel Petersilie
1 Eigelb (Größe L)
20 ml Milch
100 g Rapsöl
abgeriebene Schale von ½ Bio-Zitrone
Salz, Pfeffer, Zucker

Essigzwiebeln
1 rote Zwiebel
50 ml Apfelessig
5 Pimentkörner
2 Lorbeerblätter
Salz, Zucker

Frittierte Zwiebelringe
2 Schalotten
100 ml Pflanzenöl
2 EL Mehl

Karamelläpfel
1 roter Apfel
2 EL Zucker
1 EL Butter
50 ml Apfelsaft

ZUBEREITUNG

Petersilienmayonnaise
1. Die Petersilie waschen, trocken schütteln und die Blätter abzupfen. Die Blätter mit Eigelb und Milch in ein hohes Gefäß geben und mit dem Stabmixer pürieren. Dann das Öl bei laufendem Motor langsam einlaufen lassen, bis die Masse bindet. Die Mayonnaise mit Zitronenschale, Salz, Pfeffer und Zucker abschmecken und bis zum Servieren kühlen.

Essigzwiebeln
1. Die Zwiebel schälen und in Spalten schneiden. Den Apfelessig mit 50 ml Wasser, Piment, Lorbeer, Salz und Zucker nach Geschmack in einem Topf aufkochen. Die Zwiebelspalten zugeben, den Topf vom Herd nehmen und bis zum Servieren beiseitestellen.

Frittierte Zwiebelringe
1. Die Schalotten schälen, in Ringe schneiden und im Mehl wenden. Das Öl in einem Topf erhitzen und die Zwiebelringe darin goldgelb frittieren. Auf Küchenpapier abtropfen lassen.

Karamelläpfel
1. Den Apfel waschen und das Kerngehäuse ausstechen. Den Apfel quer in 5 mm dicke Ringe schneiden.

2. Den Zucker in einer Pfanne schmelzen lassen. Die Butter zugeben, die Apfelringe hineinlegen und karamellisieren lassen. Mit dem Apfelsaft ablöschen und 2 Min köcheln lassen. Bis zum Servieren beiseitestellen.

Kartoffelrösti und Blutwurst
450 g Kartoffeln
1 Ei (Größe L)
20 g Mehl
Salz, Pfeffer
frisch geriebene Muskatnuss
2 Stängel Petersilie
Pflanzenöl
120 g Boudin Noir (Blutwurst)

Servieren
Tahoonkresse (aus dem Feinkostladen)

Außerdem
Stabmixer

Kartoffelrösti und Blutwurst

1. Die Kartoffeln waschen und mit Schale reiben. Kartoffeln, Ei, Mehl, Salz, Pfeffer und Muskat nach Geschmack mischen. Die Petersilie waschen, trocken schütteln, die Blätter hacken und unter die Kartoffelmasse rühren.

2. Etwas Öl in einer Pfanne erhitzen. Die Kartoffelmasse ausdrücken und mit einem Löffel sechs Rösti in die Pfanne setzen. Leicht flach drücken und von beiden Seiten goldgelb braten. Herausnehmen.

3. Die Wurst in 5 mm dicke Scheiben schneiden und kurz von beiden Seiten in etwas Öl anbraten.

SERVIEREN

Etwas Petersilienmayonnaise in drei Bowls geben und je einen Rösti daraufflegen. Blutwurst und Karamelläpfel daraufschichten und mit einem zweiten Rösti abdecken. Die frittierten Zwiebeln und die Essigzwiebeln daraufgeben und mit Kresse bestreuen.

ROTE BETE
IN DER SALZKRUSTE

FÜR 2 PERSONEN

ZUTATEN

3 Eiweiß (Größe M)
1 kg grobes Meersalz
500 g Rote Bete

Servieren
4 EL Olivenöl
Salz, Pfeffer
frisch geriebener Meerrettich

ZUBEREITUNG

1. Den Backofen auf 180 °C vorheizen. Die Eiweiße steif schlagen, mit dem Salz vermischen und in einen Schmortopf geben. Alternativ die Salzmischung auf ein mit Backpapier belegtes Backblech häufen.

2. Die Rote-Bete-Knollen waschen, in das Salz setzen und vollständig damit umhüllen. Die Beten im Ofen etwa 1 Std. 40 Min. garen.

SERVIEREN

Die Salzkruste abschlagen, die Rote-Bete-Knollen aufschneiden und in zwei Bowls anrichten.
Mit dem Olivenöl beträufeln, mit Salz und Pfeffer würzen und mit dem Meerrettich bestreuen.

Bowl: Staub

ŒUFS COCOTTE

FÜR 2 PERSONEN

ZUTATEN

1 Apfel
½ Zwiebel
2 EL Zucker
1 EL Butter
abgeriebene Schale von ⅓ Bio-Zitrone
20 ml Apfelessig
100 g Comté (franz. Bergkäse)
3 EL Crème fraîche
3 TL Quittensenf
6 Eier (Größe M)
Salz, Pfeffer

Servieren
1 Frühlingszwiebel

Außerdem
2 ofenfeste Pfännchen oder Töpfchen

ZUBEREITUNG

1. Den Apfel schälen, halbieren und entkernen. Die Zwiebel ebenfalls schälen, dann beides in Spalten schneiden. Den Backofen auf 150 °C vorheizen.

2. Den Zucker in einem Topf karamellisieren lassen. Apfel- und Zwiebelspalten zugeben, Butter und Zitronenschale zufügen und mit dem Essig ablöschen. Die Spalten bei schwacher Hitze 5 Min. köcheln lassen.

3. Die Apfel- und Zwiebelspalten in den Pfännchen verteilen. Den Käse in 4 mm dicke Scheiben schneiden und darauflegen.

4. Crème fraîche und Quittensenf dazugeben und je 3 Eier darüberschlagen. Mit Salz und Pfeffer nach Geschmack würzen. Für das Wasserbad etwas Wasser aufkochen und ca. 1 cm hoch in ein Backblech füllen. Die Pfännchen im Wasserbad in den Ofen schieben und die Eier in 10–15 Min. gerade stocken lassen.

SERVIEREN

Die Frühlingszwiebel putzen, waschen und in feine Streifen schneiden. Auf die Eier streuen.

RINDERTATAKI, BUCHENPILZE & KRÄUTEREMULSION

ZUTATEN

Tataki
180 g Rinderfilet
1 EL Sojasauce
1 TL Sake (japan. Reiswein)
1 TL Limettensaft
Rapsöl
Salz, Pfeffer
abgeriebene Schale von ½ Bio-Limette
1 Schale Daikonkresse

Buchenpilze
70 ml Sake
2 EL Mizkan (japan. Reisessig)
Salz, Zucker
50 g Buchenpilze (Shimeji-Pilze)

ZUBEREITUNG

Tataki
1. Das Rinderfilet bei Raumtemperatur etwa 10 Min. temperieren lassen.

2. Sojasauce, Sake und Limettensaft verrühren. Das Filet hineinlegen und 10 Min. marinieren lassen, dabei mehrmals wenden.

3. Danach etwas Öl in einer Pfanne erhitzen. Das Filet aus der Marinade nehmen und rundum kurz darin anbraten. Aus der Pfanne nehmen und 5 Min. ruhen lassen.

4. Das Filet rundum mit Salz, Pfeffer und Limettenschale würzen und in etwa 3 mm dicke Scheiben schneiden. Die Scheiben jeweils mit etwas Daikonkresse belegen und zu Röllchen formen.

Buchenpilze
1. Sake, Mizkan, Salz und Zucker nach Geschmack in einem Topf aufkochen. Die Buchenpilze zugeben und abgedeckt bis zum Servieren ziehen lassen.

Kräuteremulsion
1 Stängel Dill
1 Stängel Basilikum
1 Stängel Minze
4 Stängel Kerbel
5 Stängel Koriandergrün
60 ml Milch
abgeriebene Schale von ¼ Bio-Zitrone
Salz, Pfeffer, Zucker
30 g Sahne
170 ml Rapsöl

Servieren
4 Brombeeren
Sesamsamen

Außerdem
Standmixer (z. B. Vitamix Pro 750)

Kräuteremulsion

1. Die Kräuter waschen, trocken schütteln und die Blätter abzupfen.

2. Die Blätter mit Milch, Zitronenschale, Salz, Pfeffer und Zucker nach Geschmack in den Mixer geben und pürieren.

3. Die Sahne zugeben und das Öl bei laufendem Motor langsam dazugießen, bis die Kräutermischung bindet (emulgiert). Die Emulsion danach durch ein Sieb streichen.

SERVIEREN

Die Tatakiröllchen mit den Pilzen in zwei Bowls anrichten. Die Brombeeren waschen, trocken tupfen, halbieren und dazulegen. Mit etwas Sesam bestreuen und die Kräuteremulsion angießen.

WINTERROLLE

FÜR 2 PERSONEN

ZUTATEN

Kohlscheiben
¼ Rotkohl
Walnussöl
Salz, Pfeffer

Winterrollen
2 Blätter Reispapier
40 g Rotkohl
30 g Apfel (Elstar)
1 EL Apfelessig
Salz, Pfeffer, Zucker
Zimtpulver
1 Entenbrustfilet

Johannisbeervinaigrette
30 g Johannisbeeren
1 EL Apfelessig
1 TL Honig
30 ml Walnussöl
Salz, Pfeffer

SERVIEREN

Die Kohlscheiben in zwei Bowls anrichten, die Winterrollen daraufsetzen und mit der Johannisbeervinaigrette überziehen.

ZUBEREITUNG

Kohlscheiben
1. Den Backofen auf 200 °C vorheizen, ein Backblech mit Backpapier belegen. Den Rotkohl waschen und aus dem Viertel zwei 1,5 cm dicke Scheiben schneiden. Mit Walnussöl beträufeln, auf das Blech legen und im Ofen 10–15 Min. garen. Herausnehmen und mit Salz und Pfeffer würzen.

Winterrollen
1. Rotkohl und Apfel waschen und in Streifen schneiden. Die Streifen mit Essig, Salz, Pfeffer, Zucker und Zimt nach Geschmack marinieren.

2. Den Backofen auf 190 °C schalten. Eine Pfanne erhitzen und das Filet darin auf der Hautseite scharf anbraten. Die Pfanne in den Ofen schieben und das Filet 5 Min. garen. Herausnehmen, noch 5 Min. ruhen lassen, dann längs in Streifen schneiden.

3. Während das Fleisch ruht, das Reispapier kurz in kaltes Wasser tauchen, bis es weich wird. Das Reispapier mit den Fleischstreifen und den Kohl-Apfel-Streifen belegen und aufrollen.

Johannisbeervinaigrette
1. Die Johannisbeeren waschen, trocken tupfen und von den Rispen streifen. Essig, Honig, Öl, Salz und Pfeffer nach Geschmack zu einer Vinaigrette verquirlen. Die Beeren einrühren.

ASIA-CARBONARA

ZUTATEN

Fleisch
80 g Zucker
70 ml Sojasauce
50 ml Sake (japan. Reiswein)
10 ml Reisessig
2 Stängel Zitronengras
5 g frischer Ingwer
1 Knoblauchzehe
½ Chilischote
6 Stängel Koriandergrün
2 Sternanis
1 Zimtstange
abgeriebene Schale von ½ Bio-Zitrone
250 g Schweinebauch
Pflanzenöl

Rettich
1 schwarzer Rettich
10 ml Reisessig
Salz, Zucker

Nudeln
180 g Sobanudeln
2 Eigelb (Größe M)

Servieren
1 Frühlingszwiebel
½ Chilischote

ZUBEREITUNG

Fleisch
1. Den Zucker in einem Topf karamellisieren lassen. Sojasauce, Sake, Reisessig und 400 ml Wasser dazugießen und aufkochen.

2. Das Zitronengras putzen, Ingwer und Knoblauch schälen, Chilischote und Koriandergrün waschen. Alles mit Sternanis, Zimt und Zitronenschale in den Sud geben. Den Schweinebauch in den Sud legen und zugedeckt bei schwacher Hitze etwa 1 ½ Std. köcheln lassen.

3. Das Fleisch herausnehmen und in kleine Stücke schneiden. 200 ml Kochsud abmessen, durch ein Sieb gießen und beiseitestellen.

4. Etwas Pflanzenöl in einer Pfanne erhitzen und die Schweinebauchstücke darin knusprig braten.

Rettich
1. Den Rettich waschen und in hauchdünne Scheiben schneiden. Die Scheiben mit Reisessig, Salz und Zucker nach Geschmack marinieren.

Nudeln
1. Die Sobanudeln nach Packungsangabe in Salzwasser bissfest garen. Abgießen und abtropfen lassen.

2. Die Eigelbe unter den abgemessenen Kochsud vom Schweinebauch rühren und die Nudeln darin schwenken.

SERVIEREN

Die Frühlingszwiebel putzen, waschen und schräg in hauchdünne Ringe schneiden. Die Chilischote waschen und längs in feine Streifen schneiden. Nudeln und Fleisch in drei Bowls anrichten. Mit mariniertem Rettich, Frühlingszwiebel und Chili dekorieren.

BRATKARTOFFELSUPPE & LAUCHPICKLES

FÜR 2 PERSONEN

ZUTATEN

Suppe
200 g Kartoffeln
100 g Möhren
1 Schalotte
½ Staudensellerie
Pflanzenöl
100 g Sahne (oder Sojacreme,
 wenn's vegan sein soll)
Salz, Pfeffer

Lauchpickles
60 g Lauch
Pflanzenöl
Apfelessig
Salz, Pfeffer

Servieren
Walnussöl

Außerdem
Standmixer (z. B. Vitamix Pro 750)

ZUBEREITUNG

Suppe
1. Die Kartoffeln waschen, schälen und in grobe Würfel schneiden. Möhren und Schalotte schälen und würfeln. Den Staudensellerie waschen, putzen und ebenfalls würfeln.

2. Etwas Öl in einem Topf erhitzen und die Kartoffeln darin rundum kräftig anbraten. Möhren und Staudensellerie zugeben und 1 Min. mitrösten.

3. Die Schalotte zufügen und mit 400 ml Wasser aufgießen. Die Suppe aufkochen, dann köcheln lassen, bis das Gemüse weich ist.

4. Die Sahne dazugießen und die Suppe mit dem Mixer pürieren. Mit Salz und Pfeffer abschmecken.

Lauchpickles
1. Den Lauch putzen, waschen und schräg in 1 cm dicke Scheiben schneiden. Etwas Öl in einer Pfanne erhitzen und die Lauchscheiben darin anbraten. Mit 1 Schuss Apfelessig ablöschen und mit Salz und Pfeffer nach Geschmack würzen.

SERVIEREN

Die Suppe in zwei Bowls anrichten, mit etwas Walnussöl beträufeln und die Lauchpickles darauf verteilen.

GEMÜSECURRY & COUSCOUS

ZUTATEN

Curry
10 g frischer Ingwer
1 Knoblauchzehe
1 Stängel Zitronengras
½ TL Koriandersamen
3 Kardamomkapseln
5 Gewürznelken
20 g Lauch
50 g Zucchini
70 g Aubergine
50 g grüne Paprikaschote
50 g Brokkoli
50 g Zuckerschoten
50 g Okraschoten
Pflanzenöl
1 TL grüne Currypaste
150 ml Kokosmilch
2 Kaffirlimettenblätter
Salz, Zucker, Fischsauce

Couscous
120 g Couscous
5 Stängel Koriandergrün
2 EL Sesamöl
Salz, Pfeffer

ZUBEREITUNG

Curry
1. Ingwer und Knoblauch schälen. Koriander, Kardamom, Nelken, Ingwer und Knoblauch in einem Mörser zerstoßen. Das Zitronengras putzen und hacken und zur Gewürzmischung geben.

2. Die Gemüse waschen, putzen und in Stücke schneiden. Etwas Öl in einem Topf erhitzen und die Gewürzmischung darin anschwitzen. Currypaste zugeben und mit Kokosmilch und 150 ml Wasser aufgießen.

3. Die Limettenblätter zugeben und das Gemüse bei schwacher Hitze gar köcheln lassen. Das Curry mit Salz, Zucker und Fischsauce abschmecken und 30 Min. beiseitestellen.

Couscous
1. In einem Topf 70 ml Wasser in aufkochen. Den Couscous einrühren und zugedeckt 10 Min. quellen lassen.

2. Das Koriandergrün waschen, trocken schütteln und die Blätter hacken. Koriander und Sesamöl unter den Couscous rühren und mit Salz und Pfeffer abschmecken.

SERVIEREN

Das Curry nochmals erhitzen. Den Couscous in zwei Bowls anrichten und das Curry in die Mitte geben.

KABELJAU-PHÔ

FÜR 2 PERSONEN

ZUTATEN

Phô
250 g Kabeljaufilet
170 g Suppengrün
4 Stängel Koriandergrün
2 Sternanis
1 Zimtstange
abgeriebene Schale von ½ Bio-Limette
Salz, Zucker, Fischsauce
Saft von ½ Limette
200 g Reisnudeln

Gemüse
4 Stängel Koriandergrün
30 g Mungobohnensprossen
40 g Möhre

Servieren
frisch geriebener Meerrettich

SERVIEREN

Die Nudeln in zwei Bowls verteilen,
Kabeljau und Gemüse darauf anrichten
und mit der Brühe aufgießen.
Etwas Meerrettich auf den Fisch geben.

ZUBEREITUNG

Phô
1. Den Kabeljau kalt abspülen, trocken tupfen und die Haut ablösen. Den Fisch in zwei Filets (à 90 g) teilen, die Fischabschnitte aufheben. Das Suppengrün waschen, putzen und in grobe Würfel schneiden. Das Koriandergrün waschen und trocken schütteln.

2. Fischhaut und -abschnitte, Suppengrün, Koriander, Sternanis, Zimtstange, Limettenschale, 800 ml Wasser, Salz, Zucker und Fischsauce nach Geschmack in einen Topf geben. Aufkochen und bei sehr schwacher Hitze 1 Std. köcheln lassen.

3. Den Topf vom Herd nehmen und noch 30 Min. ziehen lassen. Den Sud danach durch ein mit einem Passier- oder Küchentuch ausgelegtes Sieb gießen, sodass er klar wird.

4. Den Fond mit Limettensaft, Salz, Zucker und Fischsauce abschmecken und wieder auf etwa 60 °C erhitzen. Den Fisch hineinlegen, vom Herd nehmen und in 7–10 Min. gar ziehen lassen.

5. Inzwischen die Reisnudeln in einem zweiten Topf in kochendem Salzwasser nach Packungsangabe garen.

Gemüse
1. Den Koriander waschen, trocken schütteln und die Blätter abzupfen. Die Sprossen abspülen und abtropfen lassen. Die Möhre schälen und in feine Streifen schneiden. Alles mischen.

SPARGEL-CAPPUCCINO

FÜR 4 PERSONEN

ZUTATEN

Gemüse-Kaffee-Jus
300 g Suppengrün
Pflanzenöl
1 TL Tomatenmark
100 ml Apfelsaft
5 Pimentkörner
2 Lorbeerblätter
1 EL Saucenbinder
1 TL Instant-Kaffeepulver
Salz, Pfeffer, Zucker

Kartoffelstampf
500 g rote Kartoffeln
Salz
20 g Butter
Pfeffer, Zucker

ZUBEREITUNG

Gemüse-Kaffee-Jus
1. Das Suppengrün waschen, putzen und in Würfel
   schneiden. Etwas Öl in einem Topf erhitzen und
   die Würfel darin kräftig anbraten. Das Tomatenmark
   kurz mitrösten. Apfelsaft, 500 ml Wasser, Piment
   und Lorbeer zugeben und bei schwacher Hitze 1 Std.
   köcheln lassen.

2. Den Fond durch ein Sieb gießen und erneut aufkochen.
   Den Saucenbinder einrühren und den Fond binden.
   Mit Kaffeepulver, Salz, Pfeffer und Zucker abschmecken.

Kartoffelstampf
1. Die Kartoffeln waschen und mit Schale in Salzwasser
   gar kochen. Abgießen und mit der Butter mit
   dem Kartoffelstampfer grob zerdrücken. Mit Salz,
   Pfeffer und Zucker abschmecken.

Hollandaise
90 g Butter
2 Eigelb (Größe L)
40 ml Apfelsaft
10 ml Apfelessig
Salz, Pfeffer, Zucker
Chiliflakes

Spargel
8 Stangen weißer Spargel
20 g Butter

Servieren
Kresse (z. B. Vogelmiere, Gartenkresse)

Hollandaise
1. Die Butter schmelzen. Eigelbe, Apfelsaft und Essig in einem Schlagkessel verrühren.

2. Etwas Wasser in einem Topf aufkochen. Die Schüssel daraufsetzen und die Masse cremig aufschlagen. Die Schüssel vom Wasserbad nehmen und langsam die Butter einrühren, sodass die Sauce emulgiert. Mit Salz, Pfeffer, Zucker und Chili abschmecken.

Spargel
1. Den Spargel schälen und die Enden 3 cm breit abschneiden. Die Stangen dann in Scheiben schneiden. Die Butter in einer Pfanne erhitzen und den Spargel darin anbraten. Die Jus zugießen.

SERVIEREN

Den Kartoffelstampf in vier Bowls oder Gläser verteilen und das Spargelragout daraufgeben. Mit der Hollandaise übergießen und mit Kresse bestreuen.

DAMPFKLÖSSE

FÜR 3 PERSONEN

ZUTATEN

Teig
200 g Mehl
½ TL Backpulver
50 g Zucker
30 ml Pflanzenöl
Salz

Füllung
50 g Sojagranulat
Salz
70 g Möhre
¼ TL Zucker
10 ml Sake (japan. Reiswein)
2 TL Sojasauce
2 TL Teriyakisauce
1 TL Mizkan (japan. Reisessig,
  aus dem Asiamarkt)
½ TL Mehl
Limettensaft
5 Stängel Koriandergrün

Servieren
30 g gesalzene Erdnüsse
2 Frühlingszwiebeln

Außerdem
Dampfkorb oder Dampfeinsatz

ZUBEREITUNG

Teig
1. Mehl, Backpulver, Zucker, Öl, 80 ml Wasser und Salz nach Geschmack zu einem glatten Teig verkneten. Den Teig abgedeckt 10 Min. ruhen lassen.

Füllung
1. Das Sojagranulat in kochendem Salzwasser 2 Min. garen, dann in ein Sieb abgießen. Die Möhre schälen und in 5 mm große Würfel schneiden.

2. Den Zucker in einem Topf karamellisieren lassen. Möhrenwürfel zugeben und mit Sake, Sojasauce, Teriyakisauce und Mizkan ablöschen. Das Mehl unter Rühren einstreuen und mit Salz und Limettensaft abschmecken. Vom Herd nehmen und das Sojagranulat untermischen.

3. Das Koriandergrün waschen, trocken schütteln und die Blätter hacken. Unter die Füllung rühren.

4. Den Teig in 9 Stücke (à 40 g) teilen. Die Stücke flach drücken, je 1 EL Füllung daraufgeben, zusammenklappen und zu Klößen formen.

5. Die Klöße in den Dampfkorb legen. Etwas Wasser in einem Topf erhitzen, den Dampfkorb daraufsetzen und im Dampf 10 Min. garen.

SERVIEREN

Die Erdnüsse hacken, die Frühlingszwiebeln waschen und in dünne Ringe schneiden. Die Klöße in drei Bowls anrichten und mit Erdnüssen und Zwiebelringen bestreuen.

RADICCHIOSALAT, CHORIZO, RICOTTA & DATTELN

ZUTATEN

Radicchio
2 Stauden Radicchio (am besten
    Trevisano tardivo)
4 EL Olivenöl
1 TL Honig
abgeriebene Schale von ½ Bio-Orange
Salz, Pfeffer
20 g Pekannüsse
Zucker
2 TL heller Balsamicoessig

Chorizo
90 g Chorizo
Olivenöl

Servieren
2 Datteln
80 g Ricotta

ZUBEREITUNG

Radicchio
1. Den Radicchio waschen und in einzelne Blätter zerteilen. Die Hälfte der Blätter mit 2 EL Olivenöl, Honig, Orangenschale und Salz und Pfeffer nach Geschmack marinieren.

2. Das restliche Öl in einer Pfanne erhitzen und die zweite Hälfte der Blätter mit den Pekannüssen darin kurz anbraten. Mit Salz, Pfeffer und Zucker nach Geschmack würzen und den Essig zugeben.

Chorizo
1. Die Wurst in 4 mm dicke Scheiben schneiden. Eine zweite Pfanne dünn mit Öl bepinseln und die Scheiben darin von beiden Seiten scharf anbraten.

SERVIEREN

Die Datteln entkernen und längs in dünne Streifen schneiden. Den marinierten und den gebratenen Radicchio abwechselnd in zwei Bowls anrichten. Den Ricotta grob darüberkrümeln und die Datteln und die warme Chorizo darauf verteilen.

MANGOLD-EI
& RAHMKARTOFFELN

FÜR 2 PERSONEN

ZUTATEN

Mangold-Ei
6 Mangoldblätter
Salz
Pflanzenöl
2 Eier (Größe M)
Pfeffer

ZUBEREITUNG

Mangold-Ei

1. Den Mangold waschen und die dicken Stiele von den Blättern schneiden. Die Blätter in kochendem Salzwasser 30 Sek. blanchieren und in Eiswasser abschrecken.

2. Die Blätter flach als zwei Kreise (etwa 15 cm Ø) auf Küchenpapier auslegen. Ein zweites Küchenpapier darauflegen und die Kreise mit dem Rollholz flach rollen. Nochmals wiederholen.

3. Etwa 50 cm Frischhaltefolie glatt ausrollen und mit etwas Öl bestreichen. Die Folie dann halbieren, auf jede Hälfte einen Mangoldkreis legen und das Küchenpapier abziehen.

4. Die Folienstücke mit dem Mangoldkreis jeweils in eine kleine Schüssel legen und 1 Ei hineinschlagen. Mit Salz und Pfeffer nach Geschmack würzen.

5. Die Mangoldblätter über das Ei klappen, die Folie vorsichtig zusammenfassen, die Enden zusammendrehen und mit Küchengarn zubinden. Die Mangold-Eier in siedendem Wasser 5–7 Min. garen.

Rahmkartoffeln
4 große Kartoffeln
1 Schalotte
1 Frühlingszwiebel
1 TL Butter
20 ml Weißwein
250 g Sahne
20 g geriebener Parmesan
Salz, Pfeffer, Zucker
frisch geriebene Muskatnuss
abgeriebene Schale von ⅓ Bio-Zitrone

Servieren
2 Scheiben Bacon (Frühstücksspeck)
frisch gehackte Petersilie

Außerdem
Küchengarn

Rahmkartoffeln

1. Die Kartoffeln schälen und in 5 mm große Würfel schneiden. Die Schalotte schälen und klein würfeln. Die Frühlingszwiebel putzen, waschen und in feine Ringe schneiden.

2. Die Butter in einem Topf erhitzen und die Schalotte darin anschwitzen. Die Kartoffelwürfel zugeben und mit dem Wein ablöschen. Nach und nach die Sahne dazugießen und die Kartoffeln bissfest garen.

3. Die Kartoffeln vom Herd nehmen, Parmesan und Frühlingszwiebel einrühren und mit Salz, Pfeffer, Zucker, Muskat und Zitronenschale abschmecken.

SERVIEREN

Den Bacon in Streifen schneiden und in einer Pfanne knusprig braten. Die Rahmkartoffeln in zwei Bowls anrichten. Die Folie aufschneiden, entfernen und die Mangold-Eier nochmals mit Salz würzen. Auf die Kartoffeln setzen, den Bacon darübergeben und mit Petersilie bestreuen.

UDONNUDELN
& SOJAKARAMELL

ZUTATEN

Sojakaramell
20 g Zucker
30 ml Sojasauce
1 EL Fischsauce
1 EL Teriyakisauce
40 ml Sake (japan. Reiswein)
2 EL Sesamsamen

Udonnudeln
Salz
400 g Udonnudeln
60 g Möhre
60 g Zuckerschoten
1 EL Sesamöl
30 g Butter
1 EL Limettensaft
abgeriebene Schale von ½ Bio-Limette

Servieren
1 Frühlingszwiebel
1 EL Sesamsamen

ZUBEREITUNG

Sojakaramell
1. Den Zucker in einem Topf karamellisieren lassen. Mit Sojasauce, Fischsauce, Teriyakisauce und Sake ablöschen und alles 5 Min. köcheln lassen. Den Sesam einrühren und den Karamell beiseitestellen.

Udonnudeln
1. In einem Topf Salzwasser aufkochen und die Nudeln darin nach Packungsangabe bissfest garen. In ein Sieb abgießen und abtropfen lassen.

2. Die Möhre schälen, die Zuckerschoten waschen und putzen. Beides in feine Scheiben schneiden.

3. Das Sesamöl in einer Pfanne erhitzen und das Gemüse darin anbraten. Butter, Sojakaramell, Nudeln, Limetten-saft und -schale zugeben und durchschwenken.

SERVIEREN

Die Frühlingszwiebel putzen, waschen und in dünne Ringe schneiden. Die Nudeln in zwei Bowls anrichten und mit Frühlingszwiebelringen und Sesam bestreuen.

POCHIERTER LACHS & SAUERAMPFERSUD

FÜR 2 PERSONEN

ZUTATEN

Sud
50 g Sauerampfer
70 g Avocado
100 ml Apfelsaft
Salz, Pfeffer, Zucker

Lachs
250 g Suppengrün
5 Pimentkörner
2 Lorbeerblätter
½ TL Koriandersamen
Salz
200 g Lachsfilet mit Haut
Pflanzenöl

Salat
5 Radieschen
120 g Salatgurke
abgeriebene Schale von ¼ Bio-Zitrone
Salz

Außerdem
Standmixer (z. B. Vitamix Pro 750)

ZUBEREITUNG

Sud
1. Den Sauerampfer waschen und trocken schütteln, die Avocado schälen. Beides mit dem Apfelsaft und 100 ml Wasser im Mixer fein pürieren. Mit Salz, Pfeffer und Zucker abschmecken und kalt stellen.

Lachs
1. Das Suppengrün waschen, putzen und grob würfeln. Dann mit 800 ml Wasser, Piment, Lorbeer, Koriander und Salz nach Geschmack in einen Topf geben. Aufkochen und bei schwacher Hitze 30 Min. köcheln, dann weitere 30 Min. ziehen lassen.

2. Inzwischen den Lachs kalt abspülen, trocken tupfen und die Haut ablösen. Den Fisch in zwei Filets teilen. Die Haut in etwas Öl knusprig braten und leicht salzen.

3. Den Gemüsefond durch ein Sieb in einen zweiten Topf gießen und auf etwa 60 °C erhitzen. Vom Herd nehmen, den Lachs hineinlegen und 5–8 Min. gar ziehen lassen.

Salat
1. Die Radieschen putzen, waschen und in dünne Scheiben schneiden. Die Gurke schälen, längs halbieren, entkernen und in dünne Scheiben schneiden. Beides mischen und mit Zitronenschale und Salz nach Geschmack würzen.

SERVIEREN

Den Salat in zwei Bowls anrichten und den pochierten Lachs daraufsetzen. Nochmals salzen, die gebratene Lachshaut drauflegen und den Sauerampfersud angießen.

Bowl: studio1.berlin

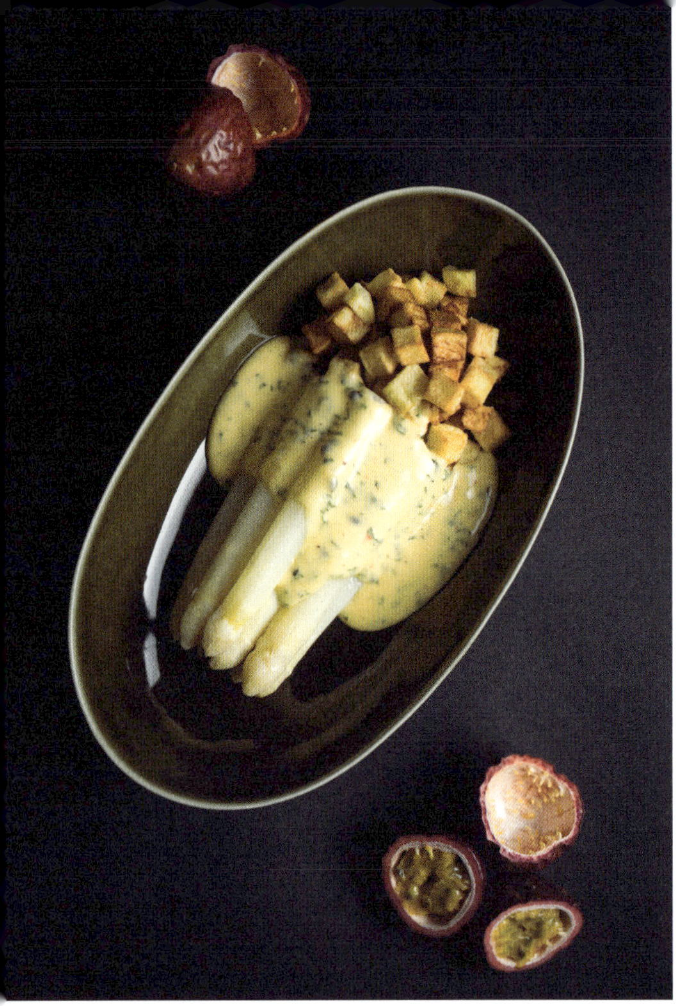
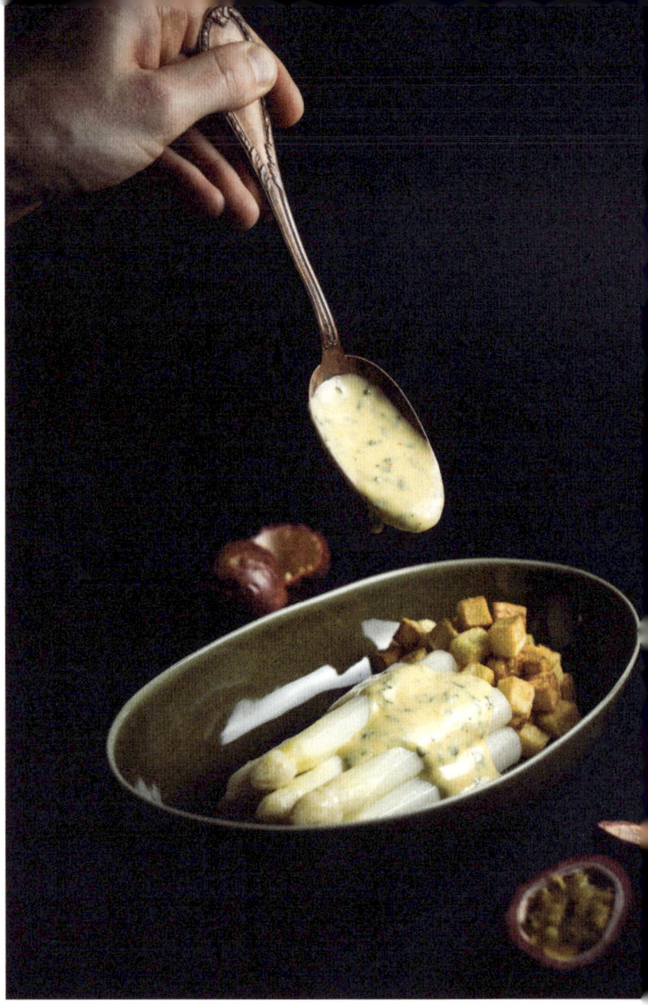
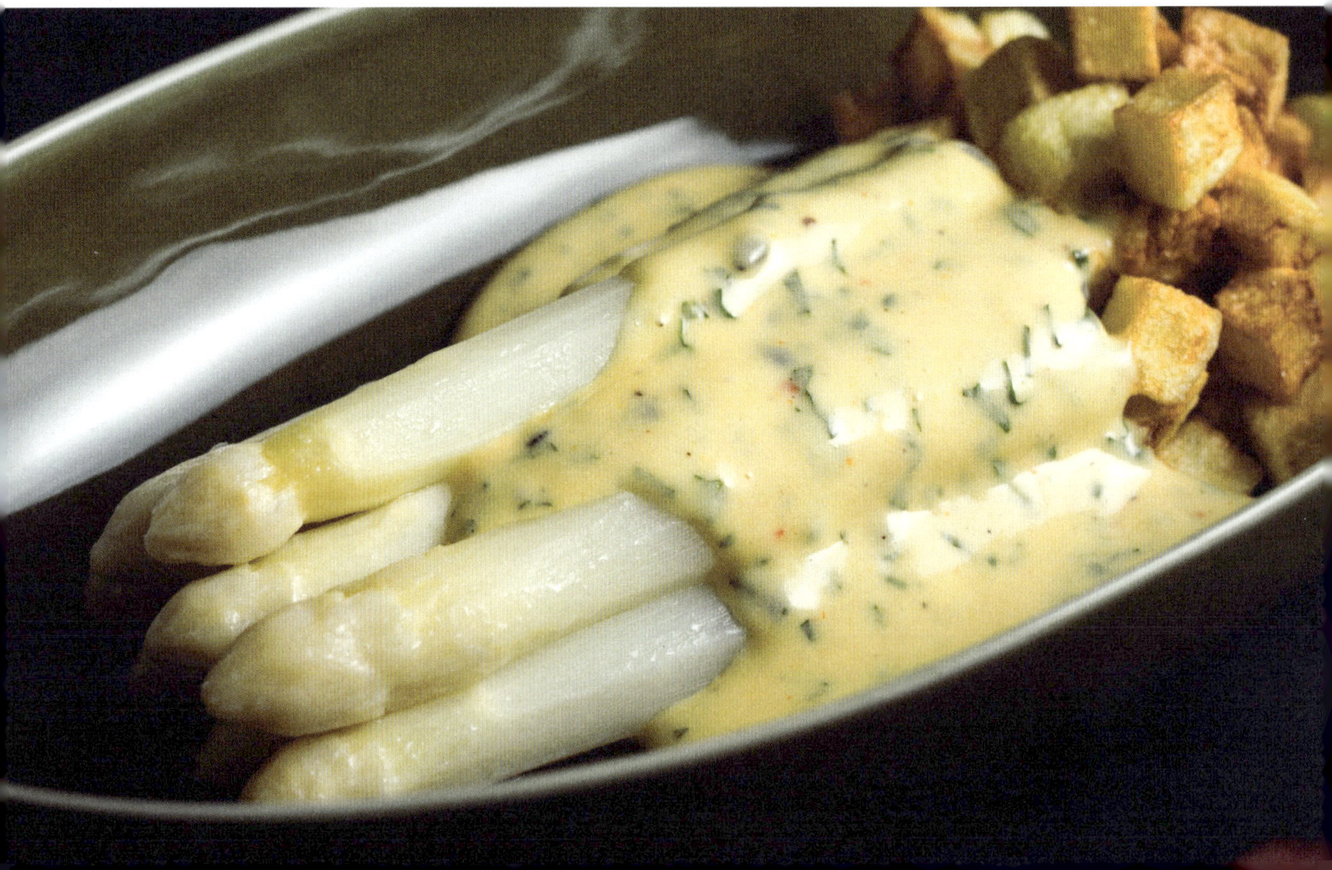

SPARGEL & PASSIONSFRUCHT-BASILIKUM-HOLLANDAISE

FÜR 2 PERSONEN

ZUTATEN

Spargel
16 Stangen weißer Spargel
½ Bio-Zitrone
20 g Butter
Salz, Zucker

Kartoffelwürfel
200 g Kartoffeln
Pflanzenöl
Salz

Hollandaise
20 ml Orangensaft
30 g Passionsfruchtmark
  (von etwa 2 Früchten)
2 Eigelb (Größe M)
125 g Butter
3 Stängel Basilikum
Salz, Zucker, Cayennepfeffer

SERVIEREN

Den Spargel mit den Kartoffelwürfeln
in zwei Bowls anrichten. Die Hollandaise
über den Spargel gießen.

ZUBEREITUNG

Spargel
1. Den Spargel schälen und die Enden 3 cm breit abschneiden. In einem Topf reichlich Wasser aufkochen. Zitrone und Butter zugeben und das Kochwasser kräftig mit Salz und Zucker abschmecken.

2. Den Spargel in das leicht siedende Wasser geben und langsam bissfest garen.

Kartoffelwürfel
1. Inzwischen die Kartoffeln schälen und in 1 cm große Würfel schneiden. Öl in eine Pfanne geben, bis der Boden bedeckt ist. Erhitzen und die Kartoffelwürfel darin knusprig ausbacken. Auf Küchenpapier abtropfen lassen und mit Salz nach Geschmack würzen.

Hollandaise
1. Orangensaft, Passionsfruchtmark und Eigelbe in einem Schlagkessel mit dem Schneebesen verrühren. Die Butter schmelzen und beiseitestellen.

2. Etwas Wasser in einem Topf aufkochen. Die Schüssel daraufsetzen und die Eigelbmischung aufschlagen, bis sie schaumig wird. Die Schüssel vom Wasserbad nehmen und die Butter langsam nach und nach einrühren. (Wird sie zu schnell eingerührt, geht die Emulsion verloren.)

3. Das Basilikum waschen, trocken schütteln und die Blätter grob hacken. Das Basilikum unter die Hollandaise rühren und mit Salz, Zucker und Cayennepfeffer abschmecken.

GEFÜLLTE CALAMARETTI & OCHSENHERZTOMATE

FÜR 2 PERSONEN

ZUTATEN

Getrocknete Tomaten
1 Ochsenherztomate
Salz, Pfeffer

Calamaretti
50 g schwarze Oliven
2 Zweige Thymian
6 Calamaretti (Mini-Tintenfische)
90 g Büffelmozzarella
2 EL Olivenöl

Servieren
3 EL Olivenöl
abgeriebene Schale von ½ Bio-Zitrone
Gartenkresse

ZUBEREITUNG

Getrocknete Tomaten

1. Den Backofen auf 100 °C vorheizen, ein Backblech mit Backpapier belegen. Die Tomate waschen und quer in 1 cm dicke Scheiben schneiden. Diese aufs Blech legen und mit Salz und Pfeffer bestreuen.

2. Die Tomaten im Ofen etwa 1 Std. trocknen. Dabei den Ofen alle 10 Min. öffnen und die Feuchtigkeit entweichen lassen.

Calamaretti

1. Die Oliven fein hacken. Den Thymian waschen, trocken schütteln und die Blättchen abzupfen. Mit den Oliven mischen. Die Calamaretti putzen und den Kranz mit den Fangarmen abziehen. Fangarme und Beutel kalt abspülen und trocken tupfen.

2. Den Mozzarella zuerst in 1 cm dicke Scheiben, dann in 3 cm lange Stäbchen schneiden. Je ein Mozzarella-stäbchen in die Beutel schieben und mit den Oliven auffüllen. Dabei jedoch nicht zu voll füllen, denn die Calamaretti ziehen sich beim Braten zusammen.

3. Das Olivenöl in einer Pfanne erwärmen (nicht zu heiß) und die Calamaretti darin kurz rundum anbraten. Zuletzt die Fangarme zugeben.

SERVIEREN

Je eine Tomatenscheibe in zwei Bowls legen, mit Olivenöl beträufeln und mit Zitronenschale bestreuen. Die Calamaretti darauf anrichten und mit Kresse dekorieren.

TOFUCRISPYS
& PASSIONSFRUCHT-LAUCH-DIP

FÜR 2 PERSONEN

ZUTATEN

Crispys
20 g frischer Ingwer
1 Knoblauchzehe
4 Stängel Koriandergrün
50 g Mehl
Salz
300 g Tofu
Pflanzenöl
100 g Panko-Brösel (aus dem Asiamarkt,
   ersatzweise Semmelbrösel)

Dip
20 g Blattspinat
15 g Lauchgrün
75 ml Passionsfruchtsaft
1 EL Mehl
Salz, Pfeffer, Zucker

Außerdem
Standmixer (z. B. Vitamix Pro 750)

ZUBEREITUNG

Crispys
1. Ingwer und Knoblauch schälen und fein hacken.
   Das Koriandergrün waschen, trocken schütteln und
   die Blätter hacken.

2. In einer Schale 20 g Mehl mit 80 ml Wasser glatt rühren
   und mit Salz nach Geschmack würzen. Ingwer, Knoblauch
   und Koriander einrühren.

3. Den Tofu in Scheiben schneiden, salzen und im restlichen
   Mehl wenden.

4. In einem Topf reichlich Öl auf 170 °C erhitzen. Die Panko-
   Brösel in eine zweite Schale streuen. Die Tofuscheiben
   zuerst durch die Ingwermischung ziehen, dann in
   den Bröseln wenden. Portionsweise im heißen Öl goldgelb frittieren und auf Küchenpapier abtropfen lassen.

Dip
1. Spinat und Lauchgrün waschen und trocken schütteln.
   Passionsfruchtsaft und Mehl in einem Topf verquirlen und
   unter Rühren aufkochen. Saft, Spinat und Lauch im Mixer
   pürieren und mit Salz, Zucker und Pfeffer abschmecken.

SERVIEREN

Die Tofucrispys in zwei Bowls anrichten und heiß
mit dem Dip servieren.

WOLFSBARSCH, SELLERIE & CHILI-ERDBEEREN

FÜR 2 PERSONEN

ZUTATEN

Selleriesticks
2 Stangen Staudensellerie
20 g Butter
40 ml Apfelsaft
Salz, Pfeffer, Zucker

Wolfsbarsch
2 Wolfsbarschfilets (à 90 g)
1 Stängel Estragon
Olivenöl
20 g Butter
10 ml Wermut

Chili-Erdbeeren
4 Erdbeeren
Chiliflakes
½ TL Olivenöl
10 g Butter

Servieren
Meersalz
Estragonblätter

ZUBEREITUNG

Selleriesticks
1. Den Sellerie schälen und die Stangen zuerst in etwa 8 cm lange Stücke, dann in Sticks schneiden.

2. Die Butter in einem Topf erhitzen und die Selleriesticks darin anschwitzen. Mit Apfelsaft ablöschen, bei mittlerer Hitze 1 Min. garen und beiseitestellen.

Wolfsbarsch
1. Inzwischen die Fischfilets kalt abspülen, trocken tupfen und eventuell verbliebene Gräten entfernen. Den Estragon waschen und trocken schütteln.

2. Etwas Olivenöl in einer Pfanne erhitzen und die Fischfilets darin auf der Hautseite knusprig braten. Butter, Estragon und Wermut zugeben und den Fisch darin schwenken.

Chili-Erdbeeren
1. Während der Fisch brät, die Erdbeeren waschen, putzen und halbieren. Die Hälften mit Chiliflakes bestreuen und auf der Schnittfläche in einer zweiten Pfanne im Öl anbraten. Die Butter zugeben und die Beeren beiseitestellen.

SERVIEREN

Die Selleriesticks mit dem Sud in zwei Bowls verteilen. Den Fisch darauf anrichten und mit etwas Meersalz bestreuen. Mit den Erdbeeren dekorieren und mit Estragon bestreuen.

KOKOS-HÜHNCHEN, SCHWARZWURZEL, LIMONENSEITLINGE & VOGELMIERE

ZUTATEN

Hühnchen
1 Stängel Zitronengras
10 g frischer Ingwer
300 ml Kokosmilch
20 ml Sake (japan. Reiswein)
Salz
2 Hähnchenbrustfilets

Schwarzwurzelpüree
200 g Schwarzwurzel
20 g Butter
100 ml Milch
Salz, Pfeffer
frisch geriebene Muskatnuss

Salat
30 g Vogelmiere
30 g Limonenseitlinge
2 EL Olivenöl
Saft von ½ Bio-Limette
Salz, Pfeffer

Außerdem
Standmixer (z. B. Vitamix Pro 750)

ZUBEREITUNG

Hühnchen
1. Das Zitronengras putzen, den Ingwer schälen und beides klein schneiden. Mit Kokosmilch, Sake und Salz nach Geschmack in einem Topf aufkochen. Die Filets hineinlegen, vom Herd nehmen und 10–15 Min. gar ziehen lassen.

Schwarzwurzelpüree
1. Inzwischen die Schwarzwurzeln schälen, waschen und in kleine Stücke schneiden. Die Butter in einem Topf erhitzen und die Stücke darin anschwitzen.

2. Die Milch zugießen und die Wurzeln bei schwacher Hitze 10 Min. garen. Im Mixer pürieren und mit Salz, Pfeffer und Muskat abschmecken.

Salat
1. Die Vogelmiere waschen und trocken schütteln. Vogelmiere und Limonenseitlinge mit Öl, Limettensaft, Salz und Pfeffer nach Geschmack marinieren.

SERVIEREN

Das Schwarzwurzelpüree in zwei Bowls verteilen und das Hühnchen darauflegen. Leicht salzen und den Salat daneben anrichten.

Bowl: studio1.berlin

MANGO-SPROSSEN-SALAT

FÜR 4 PERSONEN

ZUTATEN

Salat
1 Mango
1 Möhre
200 g Mungobohnensprossen
12 Stängel Koriandergrün
1 Frühlingszwiebel

Dressing
1 Bio-Limette
2 EL Fischsauce (oder Sojasauce
  wenn's vegan sein soll)
2 EL Sesamöl

Servieren
geröstete, gesalzene Erdnüsse
20 g Rettichsprossen

ZUBEREITUNG

Salat
1. Die Mango schälen, das Fruchtfleisch vom Stein lösen und in dünne Scheiben schneiden. Die Möhre schälen und in dünne Stifte schneiden.

2. Die Sprossen waschen und abtropfen lassen. Das Koriandergrün waschen, trocken schütteln und die Blätter fein hacken. Die Frühlingszwiebel putzen, waschen und schräg in Scheiben schneiden.

Dressing
1. Die Schale der Limette dünn abreiben und den Saft auspressen. Limettenschale und -saft mit Fischsauce und Sesamöl verrühren.

SERVIEREN

Mango, Möhre, Sprossen, Koriandergrün und Frühlingszwiebel unter das Dressing mischen. Den Salat etwa 5 Min. durchziehen lassen, dann in vier Bowls anrichten. Mit Erdnüssen und Rettichsprossen bestreuen.

MAIS-COBBLER

ZUTATEN

Maiscreme
200 g Mais (aus der Dose)
80 g Sahne
10 g Butter
Salz, Chiliflakes

Polenta
2 Stängel Koriandergrün
200 ml Milch
½ TL Koriandersamen
30 g grober Maisgrieß
1 EL geriebener Parmesan
Salz, Pfeffer, Zucker

Poularde
2 EL Pflanzenöl
250 g Maispoulardenbrust
Salz

Servieren
2 Stängel Koriandergrün

Außerdem
Standmixer (z. B. Vitamix Pro 750)

ZUBEREITUNG

Maiscreme
1. In einem Topf 170 g Mais mit der Sahne aufkochen. Dann alles mit der Butter im Mixer glatt pürieren. Die Maiscreme mit Salz und Chiliflakes abschmecken und beiseitestellen.

Polenta
1. Das Koriandergrün waschen und trocken schütteln. Die Milch mit Koriandergrün und Koriandersamen in einem Topf aufkochen und etwa 20 Min. ziehen lassen.

2. Die Koriandermilch danach durch ein Sieb gießen und wieder aufkochen. Den Grieß einrühren und 1 Min. unter Rühren kochen, dann 5 Min. quellen lassen. Den Parmesan einrühren und die Polenta mit Salz, Pfeffer und Zucker abschmecken.

Poularde
1. Das Öl in einer Pfanne erhitzen und die Poularde darin auf der Hautseite knusprig braten. Dann wenden und fertig braten. Das Fleisch salzen.

SERVIEREN

Die Maiscreme wieder erwärmen. Die Polenta in zwei Bowls verteilen und die Maiscreme daraufgeben. Die Poularde in Würfel schneiden und darauf anrichten. Das Koriandergrün waschen, trocken schütteln und die Blätter auf das Fleisch streuen.

Bowl: Zwilling

SPARGELTEMPURA
& SHISOMAYONNAISE

FÜR 2 PERSONEN

ZUTATEN

Mayonnaise
2 Eigelb (Größe M)
10 ml Sake (japan. Reiswein)
70 g Pflanzenöl
20 g Sesamöl
4 Shisoblätter (aus dem Asiamarkt)
Salz

Tempura
10 Stangen grüner Spargel
60 g Tempuramehl (aus dem Asiamarkt)
20 g Eiswürfel
Salz
Pflanzenöl

Außerdem
Stabmixer

ZUBEREITUNG

Mayonnaise
1. Eigelbe und Sake in ein hohes, schmales Gefäß geben. Mit dem Pürierstab langsam verquirlen und dabei nach das Öl und das Sesamöl einlaufen lassen, bis die Mayonnaise bindet.

2. Die Shisoblätter waschen, trocken tupfen und fein schneiden. In die Mayonnaise rühren und mit Salz abschmecken.

Tempura
1. Die Enden des Spargels 3 cm breit abschneiden. Die Stangen dann halbieren und in etwas Tempuramehl wälzen.

2. Das restliche Tempuramehl mit 80 ml Wasser und den Eiswürfeln zu einem glatten Teig verrühren. Mit Salz abschmecken.

3. In einem Topf reichlich Öl auf 170 °C erhitzen. Die Spargelstücke dann durch den Tempurateig ziehen und portionsweise im heißen Öl frittieren. Auf Küchenpapier abtropfen lassen.

SERVIEREN

Den Spargel in zwei Bowls anrichten und die Shisomayonnaise zum Dippen dazu reichen.

Bowl: studio1.berlin

SKREI, MOHN & KOHLRABI

FÜR 2 PERSONEN

ZUTATEN

Mohnkruste
50 g weiche Butter
1 Eigelb (Größe M)
½ TL Senf
2 Stängel Estragon
20 g Semmelbrösel
2 EL gemahlener Mohn
Salz, Pfeffer, Zucker

Kohlrabi
20 g Bärlauch
140 g Kohlrabi
30 g Butter
Salz, Pfeffer, Zucker,
frisch geriebene Muskatnuss

Skrei
200 g Skrei (Winterkabeljau)
2 EL Olivenöl
20 g Butter
20 ml Wermut

Servieren
abgeriebene Schale von ½ Bio-Zitrone

SERVIEREN

Den Kohlrabi wieder erwärmen und
die Bärlauchblätter unterrühren.
Das Gemüse in zwei Bowls verteilen
und den gratinierten Fisch darauf
anrichten. Mit Zitronenschale bestreuen.

ZUBEREITUNG

Mohnkruste
1. Die Butter cremig rühren, das Eigelb und den Senf zugeben. Den Estragon waschen, trocken schütteln und die Blätter grob hacken. Mit den Bröseln und dem Mohn unter die Butter rühren. Die Mohnmasse mit Salz, Pfeffer und Zucker abschmecken und etwa 5 mm dick auf Backpapier streichen. Kühl stellen.

Kohlrabi
1. Den Bärlauch waschen, trocken schütteln und beiseitelegen. Den Kohlrabi schälen und in unregelmäßige Stücke schneiden.

2. Die Butter in einem Topf erhitzen und den Kohlrabi darin anschwitzen. Mit 60 ml Wasser ablöschen und mit Salz, Pfeffer, Zucker und Muskat nach Geschmack würzen. Bei mittlerer Hitze 2 Min. garen und beiseitestellen.

Skrei
1. Den Backofen auf 180 °C vorheizen. Den Fisch kalt abspülen, trocken tupfen und die Haut ablösen. Den Fisch dann in zwei Filets teilen.

2. Das Öl in einer Pfanne erhitzen und die Filets darin bei mittlerer Hitze etwa 2 Min. von einer Seite braten. Die Pfanne in den Ofen schieben und den Fisch 4 Min. weitergaren.

3. Inzwischen die Mohnkruste in Größe der Filets zuschneiden. Die Pfanne wieder auf den Herd stellen, die Kruste auf die Filets legen und Butter und Wermut zugeben. Den Backofen auf 220 °C (Oberhitze) schalten, die Pfanne hineinschieben und den Fisch 1–2 Min. gratinieren.

CRISPY GEFLÜGELLEBER, RHABARBER & KARTOFFEL-MINZ-PÜREE

FÜR 2 PERSONEN

ZUTATEN

Geschmorter Rhabarber
125 g Rhabarber
20 g Zucker
10 ml Grand Marnier (Bitterorangenlikör)
10 ml Campari
20 g tiefgekühlte Himbeeren
¼ Vanilleschote
je 1 Stück Bio-Orangen und
  -Zitronenschale
Salz

Röstzwiebeln
2 Schalotten
1 EL Mehl
Rapsöl
Salz

ZUBEREITUNG

Geschmorter Rhabarber

1. Den Backofen auf 190 °C vorheizen. Den Rhabarber waschen, schälen und die Stangen in etwa 7 cm lange Stücke schneiden.

2. Rhabarberstücke, Zucker, Likör, Campari, Himbeeren, Vanilleschote, Orangen- und Zitronenschale und Salz nach Geschmack in einem Schmortopf mischen. Mit Alufolie abdecken und den Rhabarber im Ofen etwa 15 Min. schmoren.

3. Danach den Topf aus dem Ofen nehmen und sofort kühl stellen, um den Garprozess zu stoppen.

Röstzwiebeln

1. Die Schalotten schälen, in 3 mm dicke Ringe schneiden und im Mehl wenden.

2. Reichlich Rapsöl in einem Topf erhitzen und die Ringe darin goldgelb frittieren. Auf Küchenpapier abtropfen lassen und salzen.

Kartoffel-Minz-Püree
320 g Kartoffeln
Salz
1 EL Butter
100 ml Milch
Pfeffer, geriebene Muskatnuss
2 Stängel Minze

Geflügelleber
250 g Geflügelleber
Salz, Pfeffer
1 EL Mehl
Pflanzenöl
5 EL gepoppter Amarant

Kartoffel-Minz-Püree

1. Die Kartoffeln schälen und in Salzwasser garen. Danach abgießen und die Kartoffeln mit einem Kartoffelstampfer zerdrücken.

2. Butter, Milch, Salz, Pfeffer und Muskat nach Geschmack zu den Kartoffeln geben. Die Minze waschen, trocken schütteln und die Blätter in feine Streifen schneiden. In das Kartoffelpüree rühren.

Geflügelleber

1. Die Leber putzen, mit Salz und Pfeffer würzen und im Mehl wenden.

2. Etwas Öl in einer Pfanne erhitzen und die Leber darin von beiden Seiten 1 Min. anbraten. Die Pfanne vom Herd nehmen und die Leber noch 2 Min. ziehen lassen. Danach im Amarant wenden.

SERVIEREN

Je drei Nocken Kartoffel-Minz-Püree und drei Rhabarberstücke in zwei Bowls anrichten. Die Leber und die Röstzwiebeln drauflegen und etwas Rhabarberfond dazugießen.

VENUSMUSCHELN IN CIDRE

FÜR 2 PERSONEN

ZUTATEN

1 kg Venusmuscheln
½ Bund Suppengrün
½ grüner Apfel
Pflanzenöl
100 ml Cidre
50 g Sahne
abgeriebene Schale von ½ Bio-Zitrone
Salz, Pfeffer, Zucker

ZUBEREITUNG

1. Die Muscheln unter fließendem kaltem Wasser gründlich waschen. Beschädigte Muscheln aussortieren und wegwerfen, die übrigen in einem Sieb abtropfen lassen.

2. Das Suppengrün waschen und putzen. Den Apfel schälen, vierteln und entkernen. Suppengrün und Apfel in feine Streifen schneiden.

3. Etwas Pflanzenöl in einem breiten Topf erhitzen. Muscheln, Gemüse- und Apfelstreifen, Cidre und Sahne zugeben. Mit Zitronenschale, Salz, Pfeffer und Zucker nach Geschmack würzen.

4. Die Muscheln zugedeckt 3–5 Min. kochen, bis sie sich geöffnet haben. Ungeöffnete Muscheln aussortieren.

SERVIEREN

Die Muscheln mit Gemüse und Sud in zwei Bowls anrichten.

Bowl: Royal Copenhagen

BÄRLAUCHTAGLIATELLE

FÜR 4 PERSONEN

ZUTATEN

Nudelteig
300 g Mehl (Type 00 oder 405)
3 Eier (Größe M)
30 ml Olivenöl
Salz

Einlage
70 g Bärlauch
30 g Mandelstifte
120 g Kohlrabi
Salz
Olivenöl
40 g Butter
1 EL Apfelessig
Pfeffer, Zucker

Servieren
60 g Radieschen

ZUBEREITUNG

Nudelteig
1. Mehl, Eier, Öl und Salz nach Geschmack zu einem glatten Teig verkneten. Den Teig in Frischhaltefolie wickeln und 30 Min. im Kühlschrank ruhen lassen.

2. Den Teig danach 1 mm dick zu einem Rechteck ausrollen, mit Mehl bestäuben und von der Längsseite her aufrollen. Die Teigrolle in 1–2 cm breite Streifen schneiden.

Einlage
1. Den Bärlauch waschen und trocken schütteln. Die Mandelstifte in einer Pfanne ohne Fett rösten. Den Kohlrabi schälen und in unregelmäßige Dreiecke schneiden.

2. In einem Topf ausreichend Salzwasser aufkochen und die Nudeln darin 3–4 Min. garen.

3. Inzwischen etwas Olivenöl in einer großen Pfanne erhitzen und den Kohlrabi darin rundum anbraten. Die Bärlauchblätter zugeben und durchschwenken. Mandelstifte, Butter, Essig und 80 ml Nudelwasser zugeben und kurz aufkochen.

4. Die Nudeln in ein Sieb abgießen, abtropfen lassen und zum Bärlauch in die Pfanne geben. Alles nochmals durchschwenken und mit Salz, Pfeffer und Zucker abschmecken.

SERVIEREN

Die Radieschen waschen, putzen und in dünne Scheiben schneiden. Die Tagliatelle mit den Radieschen in vier Bowls anrichten.

Bowl: ASA

GEEISTE ERBSENSUPPE & NEKTARINEN-YAKITORI

FÜR 2 PERSONEN

ZUTATEN

Suppe
2 Frühlingszwiebeln
5 Minzeblätter
Kokosöl
250 g tiefgekühlte Erbsen
100 ml Kokosmilch
200 ml Reisdrink
Salz, Pfeffer, Zucker
frisch geriebene Muskatnuss
abgeriebene Schale von ½ Bio-Limette

Yakitori
1 Nektarine
30 g Kokosöl
Salz, Pfeffer, Chiliflocken
abgeriebene Schale von ½ Bio-Limette

Außerdem
2 Holzspieße
Standmixer (z. B. Vitamix Pro 750)

ZUBEREITUNG

Suppe
1. Die Frühlingszwiebeln putzen, waschen und klein schneiden. Die Minze waschen und trocken tupfen.

2. Etwas Kokosöl in einem Topf erhitzen und die Frühlingszwiebeln darin anschwitzen. 200 g Erbsen zugeben und mit Kokosmilch und Reisdrink aufgießen. Die Minze zufügen und mit Salz, Pfeffer und Zucker nach Geschmack würzen.

3. Alles lediglich erwärmen (nicht aufkochen) und 5 Min. ziehen lassen. Danach im Mixer pürieren und durch ein feines Sieb streichen.

4. Die Suppe mit Salz, Pfeffer, Muskat und Limettenschale abschmecken und bis zum Servieren in den Kühlschrank stellen.

5. Die restlichen Erbsen auftauen lassen.

Yakitori
1. Die Nektarine waschen, halbieren und entkernen. Die Hälften in Dreiecke schneiden und auf die Spieße ziehen.

2. Das Kokosöl in einer Pfanne erhitzen und die Spieße darin rundum goldbraun anbraten.

3. Die Pfanne vom Herd nehmen und die Spieße mit Salz, Pfeffer, Chiliflocken und Limettenschale würzen.

SERVIEREN

Die Erbsen in zwei Bowls verteilen. Die Suppe dazugießen und die Nektarinen-Yakitori darauf anrichten.

Bowl: studio1.berlin

FLAMBIERTE GARNELEN & TOMATENCROSTINI

ZUTATEN

Tomatencrostini
½ Ciabatta
2 Tomaten
¼ Orange
2 EL Olivenöl
Salz, Pfeffer, Zucker

Garnelen
3 Stängel Estragon
1 Knoblauchzehe
10 Garnelen
Olivenöl
40 ml Cognac
30 g Butter
10 g Tomatenmark
80 g Sahne
Salz, Zucker

ZUBEREITUNG

Tomatencrostini

1. Das Ciabatta in 1 cm dicke Scheiben schneiden und toasten oder rösten. Die Tomaten waschen, vierteln und entkernen. Die Viertel in Würfel schneiden. Die Fruchtfilets der Orange zwischen den Trennhäutchen herausschneiden und würfeln.

2. Tomaten, Orangen und Öl mischen und mit Salz, Pfeffer und Zucker abschmecken.

Garnelen

1. Den Estragon waschen und trocken schütteln. Den Knoblauch schälen und in Scheiben schneiden. Die Garnelen kalt abspülen und trocken tupfen.

2. Etwas Öl in einer Pfanne erhitzen und die Garnelen darin kurz von beiden Seiten anbraten. Mit Cognac beträufeln und die Garnelen kurz über der Gasflamme schwenken oder den Alkohol vorsichtig mit einem Kerzenanzünder entzünden.

3. Butter, Tomatenmark, Estragon und Knoblauch zugeben und alles durchschwenken. Mit der Sahne ablöschen und mit Salz und Zucker abschmecken.

SERVIEREN

Die Tomaten auf den Röstbroten verteilen. Garnelen in zwei Bowls anrichten oder direkt aus der Pfanne genießen. Die Tomatencrostini dazu reichen.

SELLERIE-BIRNEN-FLAN & OFENZWIEBELN

FÜR 2 PERSONEN

ZUTATEN

Ofenzwiebeln
6 Borretane-Zwiebeln
2 EL Apfelessig
2 Lorbeerblätter
5 Pimentkörner
Salz, Zucker

Flan
170 g Knollensellerie
90 g Birne
1 Schalotte
20 g Butter
20 ml Wermut
40 ml Weißwein
200 g Sahne
Salz, Pfeffer, Zucker
frisch geriebene Muskatnuss
3 Eier (Größe M)

Selleriechips
60 g Knollensellerie
100 ml Pflanzenöl
Salz

Außerdem
Standmixer (z. B. Vitamix Pro 750)

SERVIEREN

Die Zwiebeln aus dem Fond nehmen
und halbieren. Mit den Selleriechips
auf dem Flan anrichten.

ZUBEREITUNG

Ofenzwiebeln

1. Den Backofen auf 220 °C vorheizen, ein Backblech
   mit Backpapier belegen. Die Zwiebeln schälen,
   aufs Blech legen und im Ofen 15–20 Min. garen,
   bis sie Farbe nehmen.

2. In einem Topf 60 ml Wasser mit Essig, Lorbeer,
   Piment, Salz und Zucker nach Geschmack aufkochen.
   Die Zwiebeln hineinlegen und beiseitestellen.

Flan

1. Sellerie, Birne und Schalotte schälen und in grobe Würfel
   schneiden. Die Butter in einem Topf erhitzen und
   die Würfel darin anschwitzen. Mit Wermut und Weißwein
   ablöschen und mit Sahne und 200 ml Wasser aufgießen.
   Aufkochen, dann bei schwacher Hitze gar köcheln lassen.

2. Die Selleriemischung im Mixer cremig pürieren und
   mit Salz, Pfeffer Zucker und Muskat abschmecken.
   Die Eier untermixen.

3. Den Backofen auf 125 °C schalten. Ein tiefes Backblech
   in den Ofen schieben und 2 cm hoch heißes Wasser
   hineingießen. Die Creme in zwei Bowls füllen,
   in das Wasserbad stellen und im Ofen 40–50 Min.
   stocken lassen.

Selleriechips

1. Den Sellerie schälen und in 1 mm dicke Scheiben schneiden.
   Das Öl in einem kleinen Topf erhitzen und die Scheiben
   darin goldgelb frittieren. Auf Küchenpapier abtropfen
   lassen und leicht salzen.

Bowl: 3PunktF

MISOSPARGEL, TOMATEN-BEURRE-BLANC & KORIANDER

ZUTATEN

Spargel
60 g Zucker
20 ml Sake (japan. Reiswein)
20 ml Fischsauce
20 ml Sojasauce
70 g Misopaste (aus dem Asiamarkt)
10 Stangen grüner Spargel

Beurre blanc
200 g Tomaten
100 g kalte Butter
1 EL Mizkan (japan. Reisessig,
  aus dem Asiamarkt)
30 ml Sake
Salz, Zucker

Servieren
10 Stängel Koriandergrün

ZUBEREITUNG

Spargel
1. In einem Topf 100 ml Wasser mit dem Zucker aufkochen. Sake, Fischsauce, Sojasauce und Misopaste einrühren. Die Enden des Spargels 3 cm breit abschneiden. Die Stangen in die Misosauce legen und 3 Std. marinieren.

Beurre blanc
1. Die Tomaten waschen, vierteln und entkernen. Die Viertel dann in Streifen schneiden und beiseitestellen. Die Butter würfeln und wieder kühlen.

2. Mizkan und Sake in einem Topf erhitzen. Die kalte Butter mit dem Schneebesen langsam nach und nach einrühren. (Dabei sollte die Temperatur immer 30–40 °C betragen.)

3. Die Beurre blanc mit Salz und Zucker abschmecken und die Tomatenstreifen zugeben. Jetzt nicht mehr erhitzen, da sonst die Emulsion verloren geht.

SERVIEREN

Den Spargel mit der Misosauce in einer Pfanne köcheln lassen, bis er gar und die Sauce leicht karamellisiert ist. Das Koriandergrün waschen, trocken schütteln und grob hacken. Den Spargel in zwei Bowls anrichten und die Tomatenstreifen daraufgeben. Die Beurre blanc angießen, mit etwas Misosauce überziehen und mit Koriandergrün bestreuen.

Bowl: studio1.berlin

OFENBETE
& PISTAZIEN-BÄRLAUCH-PESTO

FÜR 2 PERSONEN

ZUTATEN

Ofenbete
600 g gemischte Beten und Rettiche
Olivenöl
Salz, Pfeffer, Zucker

Pesto
100 g Bärlauch
50 g geröstete Pistazien
120 ml Olivenöl
50 g geriebener Parmesan
abgeriebene Schale von 1 Bio-Zitrone
Salz, Pfeffer, Zucker

Servieren
1 violette Möhre (Urkarotte)
Apfelessig
Salz, Zucker
50 g Fetakäse

Außerdem
Standmixer (z. B. Vitamix Pro 750)

ZUBEREITUNG

Ofenbete
1. Den Backofen auf 200 °C vorheizen, ein Backblech mit Backpapier belegen. Die Beten und Rettiche waschen und in Schiffchen und Scheiben schneiden. Die Stücke mit Olivenöl mischen, bis sie rundum damit überzogen sind.

2. Beten und Rettiche auf dem Blech ausbreiten und im Ofen 15–20 Min. garen. Danach aus dem Ofen nehmen und mit Salz und Pfeffer würzen.

Pesto
1. Inzwischen den Bärlauch waschen und trocken schütteln. Die Blätter mit Pistazien, Öl und Parmesan in den Mixer füllen. Mit Zitronenschale, Salz, Pfeffer und Zucker nach Geschmack würzen und alles zu einem Pesto mixen.

SERVIEREN

Die Möhre schälen und in dünne Spiralen schneiden. Mit Essig, Salz und Zucker marinieren. Warme Bete- und Rettichstücke in zwei Bowls anrichten und mit dem Pesto beträufeln. Mit den Karottenspiralen dekorieren und den Feta darüberkrümeln.

CHILI SIN CARNE

FÜR 2 PERSONEN

ZUTATEN

30 g Sojagranulat
Salz
130 g rote Paprikaschoten
150 g Auberginen
100 g Zucchini
170 g Tomaten
2 EL Tomatenmark
abgeriebene Schale von ¼ Bio-Orange
Chiliflakes, Pfeffer, Zucker
50 ml Orangensaft
150 ml Tomatensaft

ZUBEREITUNG

1. Das Sojagranulat in kochendem Salzwasser 1 Min. garen, dann in ein Sieb abgießen.

2. Paprika, Auberginen, Zucchini und Tomaten waschen und in Würfel schneiden.

3. Eine große Pfanne mit etwas Öl erhitzen und das Sojagranulat darin anbraten. Nacheinander Paprika, Aubergine, Zucchini und Tomate zugeben und durchschwenken. Nun das Tomatenmark zugeben und mit Orangenschale, Salz, Chiliflakes, Pfeffer und Zucker nach Geschmack würzen.

4. Den Orangen- und Tomatensaft dazugießen und das Chili 5 Min. köcheln lassen. Nochmals abschmecken.

SERVIEREN

Das Chili in zwei kleinen Schmortöpfen oder Bowls anrichten.

COBIA-CEVICHE & BAUMTOMATE

FÜR 2 PERSONEN

ZUTATEN

Ceviche
300 g Cobiafilet (Königsfisch oder
  Offiziersbarsch)
1 Bio-Limette
1 EL Fischsauce
20 ml Olivenöl
10 Stängel Koriandergrün
1 Peperoni
Salz, Pfeffer, Zucker

Tomatensalat
2 grüne Tomaten
1 Tamarillo (Baumtomate)
¼ rote Zwiebel

ZUBEREITUNG

Ceviche
1. Den Fisch kalt abspülen, trocken tupfen und in 2 cm große Würfel schneiden. Die Schale der Limette abreiben und den Saft auspressen. Limettenschale und -saft mit Fischsauce und Öl mischen.

2. Das Koriandergrün waschen, trocken schütteln und hacken. Die Peperoni waschen, halbieren und in Streifen schneiden. Beides unter die Limettenmarinade rühren.

3. Den Fisch in die Marinade geben und mit Salz, Pfeffer und Zucker nach Geschmack würzen. Mindestens 5 Min. in der Marinade „garen", dabei lässt die Säure der Limette das Fischeiweiß stocken.

Tomatensalat
1. Die Tomaten waschen, vierteln, entkernen und die Kerne beiseitelegen. Die Viertel dann längs in Streifen schneiden. Die Tamarillo schälen und in Spalten schneiden. Die Zwiebel schälen und in dünne Streifen schneiden. Tomate, Tomatenkerne, Tamarillo und Zwiebel mischen.

SERVIEREN

Den Fisch unter den Tomatensalat mischen und das Ceviche in zwei Bowls anrichten.

Bowl: studio1.berlin

DOLMA & RUCOLASUD

FÜR 2 PERSONEN

ZUTATEN

Dolma
2 Kugelzucchini oder große Tomaten
40 g Bulgur
Salz
60 g Ebly-Zartweizen
10 g Pinienkerne
4 TL Olivenöl
1 TL Tomatenmark
1 TL Granatapfelsirup
 2 EL Zitronensaft
Chiliflakes
gemahlener Kardamom und
  Kreuzkümmel
Salz, Pfeffer, Zimtpulver
¼ Granatapfel

Rucolasud
10 g Rucola
6 Basilikumblätter
40 g Avocadofruchtfleisch
50 ml Apfelsaft
Salz, Pfeffer, Zucker
1 EL Zitronensaft

Außerdem
Standmixer (z. B. Vitamix Pro 750)

ZUBEREITUNG

Dolma
1. Die Zucchini waschen, den Deckel abschneiden und die Früchte mit einem Löffel aushöhlen.

2. Den Bulgur in 80 ml Salzwasser etwa 20 Min köcheln lassen. Den Ebly in Salzwasser etwa 10 Min. garen.

3. Die Pinienkerne in etwas Öl in einer Pfanne anrösten. Den Backofen auf 170 °C vorheizen.

4. Bulgur und Ebly mit restlichem Öl, Tomatenmark, Sirup und Zitronensaft vermischen. Die Masse mit Chili, Kardamom, Kreuzkümmel, Salz, Pfeffer und Zimt abschmecken.

5. Die Granatapfelkerne auslösen und unterheben. Die Masse in die Zucchini füllen. Die Deckel auflegen und die Zucchini im Ofen 40–50 Min. garen.

Rucolasud
1. Rucola und Basilikum waschen und trocken tupfen. Die Kräuter mit Avocado, Apfelsaft und 50 ml Wasser im Mixer cremig pürieren. Den Sud mit Salz, Pfeffer, Zucker und Zitronensaft abschmecken.

SERVIEREN

Den Rucolasud in zwei Bowls verteilen und die Dolma darauf anrichten. Besonders fein schmecken die Dolma, wenn sie vor dem Servieren einen Tag durchziehen.

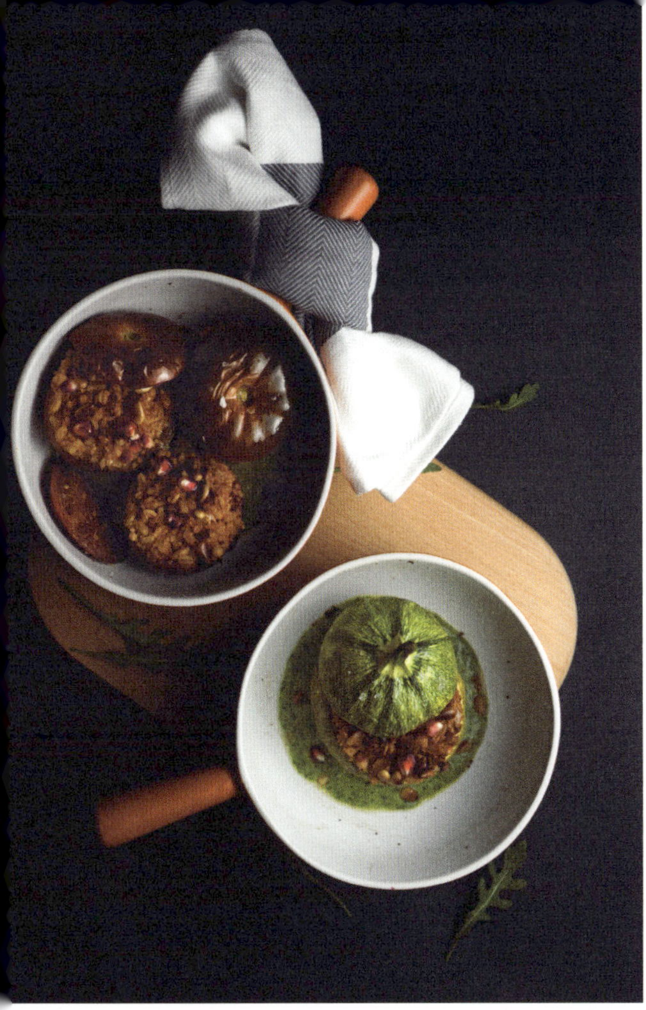
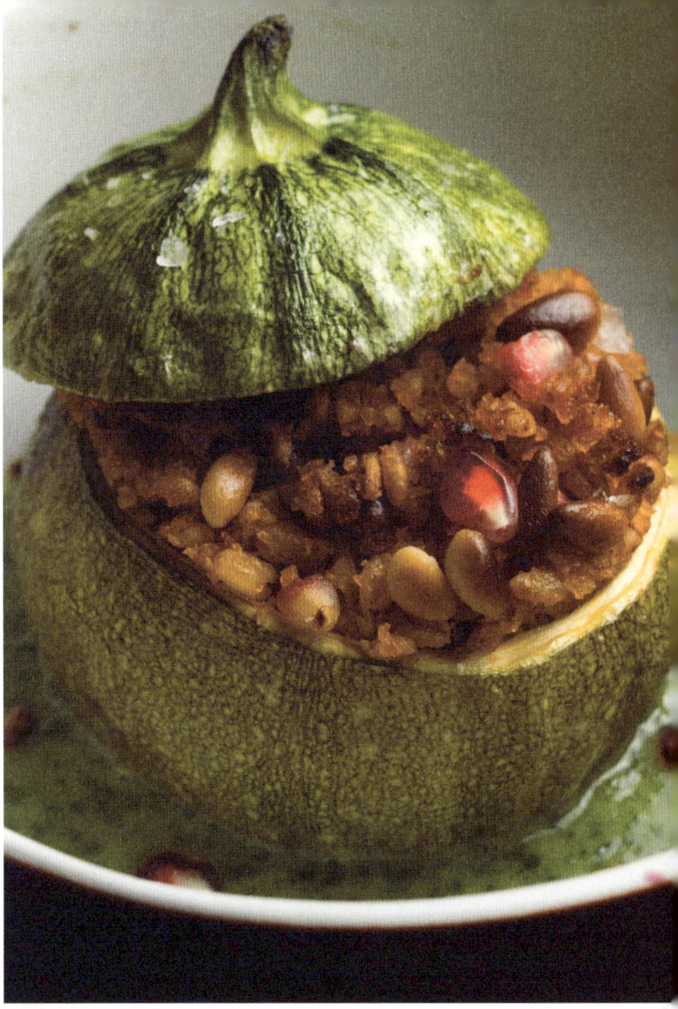
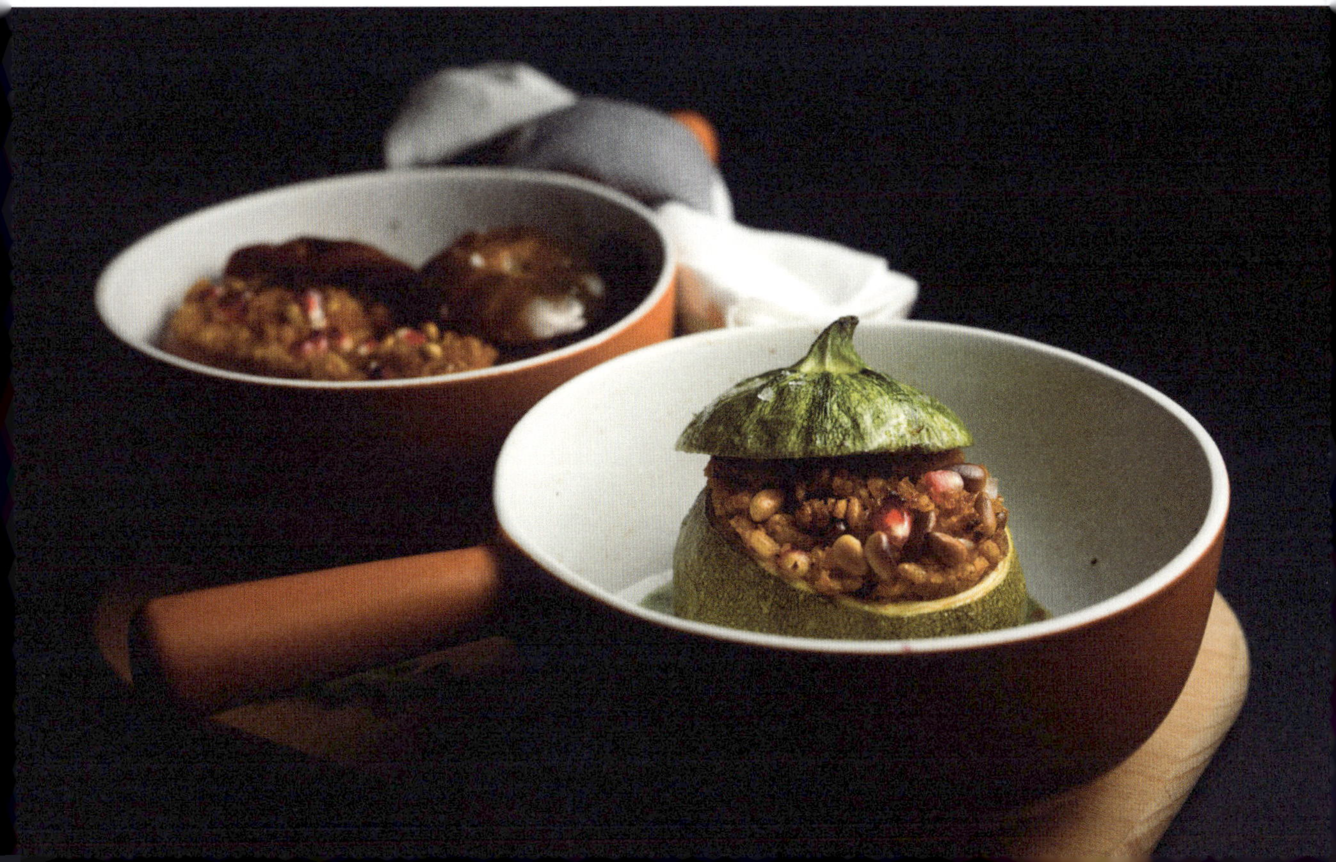

MAKRELE, ZWIEBEL-TAPIOKA & TOPINAMBUR

FÜR 2 PERSONEN

ZUTATEN

Makrele
2 Makrelen
300 g grobes Meersalz

Tapioka
250 g Zwiebeln
50 ml Apfelsaft
4 Pimentkörner
2 Lorbeerblätter
15 g Tapiokaperlen
1 EL Apfelessig
Salz, Pfeffer, Zucker

Topinambur
160 g Topinambur
2 EL Pflanzenöl
Salz, Pfeffer, Zucker
Zimtpulver

Servieren
¼ rote Zwiebel
Tahoonkresse (aus dem Feinkostladen)

ZUBEREITUNG

Makrele
1. Die Makrelen ausnehmen, waschen und filetieren. Die Filets mit der Fleischseite auf das Meersalz legen, kalt stellen und 2 ½ Std. beizen.

Tapioka
1. Den Backofen auf 220 °C vorheizen, ein Backblech mit Backpapier belegen. Die Zwiebeln schälen, in grobe Stücke schneiden, auf das Blech legen und im Ofen in etwa 25 Min. goldgelb backen. Danach mit 400 ml Wasser, Apfelsaft, Piment und Lorbeer aufkochen und 45 Min. ziehen lassen.

2. Den Sud durch ein Sieb gießen und erneut aufkochen. Die Tapiokaperlen einrühren und bei schwacher Hitze ziehen lassen, bis sie glasig sind. Dabei gelegentlich rühren. Vom Herd nehmen, den Essig zugeben und mit Salz, Pfeffer und Zucker abschmecken.

Topinambur
1. Die Topinamburknollen schälen und in 5 mm dicke Scheiben schneiden. Das Öl in einer Pfanne erhitzen und die Scheiben darin von beiden Seiten anbraten. Mit Salz, Pfeffer, Zucker und Zimt abschmecken.

SERVIEREN

Die Makrelenfilets abwaschen und in je drei Stücke schneiden. Die Zwiebel schälen und in dünne Streifen schneiden. Das Zwiebel-Tapioka in zwei Bowls verteilen und die Makrele und die gebratenen Topinamburscheiben darauf anrichten. Mit Zwiebelstreifen und Kresse bestreuen.

JAKOBSMUSCHELCARPACCIO, BLUMENKOHL & HIMBEEREN

FÜR 2 PERSONEN

ZUTATEN

Blumenkohl
250 g Blumenkohl
100 g Kokosmilch
1 TL Fischsauce
Salz, Zucker
1 TL Sesamöl
2 EL Teriyakisauce

Carpaccio
6 ausgelöste Jakobsmuscheln
2 EL Olivenöl
Salz
abgeriebene Schale von ½ Bio-Zitrone

Servieren
8 Himbeeren

Außerdem
Bunsenbrenner

ZUBEREITUNG

Blumenkohl
1. Den Blumenkohl waschen. Die Hälfte davon in kleine Röschen teilen, die andere Hälfte in etwa 5 mm dicke Scheiben schneiden.

2. Kokosmilch, Fischsauce, Salz und Zucker nach Geschmack in einem Topf aufkochen. Die Blumenkohlscheiben hineinlegen und bei schwacher Hitze 5–10 Min. garen.

3. Das Sesamöl in einer Pfanne erhitzen und die Röschen darin anbraten. Die Teriyakisauce zugeben und noch 1 Min. weitergaren.

Carpaccio
1. Die Jakobsmuscheln kalt abspülen, trocken tupfen und in etwa 3 mm dicke Scheiben schneiden. Die Scheiben dann mit dem Bunsenbrenner abflämmen. Die Muscheln mit Öl bestreichen, mit Salz und Zitronenschale bestreuen.

SERVIEREN

Die Himbeeren waschen und halbieren. Blumenkohl- und Jokobsmuschelscheiben abwechselnd in zwei Bowls auslegen. Etwas Kokossud angießen und die Blumenkohl-röschen und die Himbeeren auf dem Carpaccio verteilen.

LACHS & SAKEGURKEN

FÜR 2 PERSONEN

ZUTATEN

Gurke
200 g Salatgurke
20 g Butter
40 ml Sake (japan. Reiswein)
20 ml Mizkan (japan. Reisessig)
Salz, Zucker

Lachs
250 g Lachs
2 EL Pflanzenöl
Salz
1 Frühlingszwiebel
½ Noriblatt
20 g Unagisauce (Aalsauce,
    aus dem Asiamarkt)

Servieren
1 EL Sesamöl

ZUBEREITUNG

Gurke
1. Die Gurke waschen, längs vierteln und das Kerngehäuse entfernen. Die Butter in einem Topf erhitzen und die Gurkenviertel darin anschwitzen. Sake und Mizkan dazugießen und mit Salz und Zucker abschmecken. Die Gurke 1 Min. köcheln lassen, dann beiseitestellen.

Lachs
1. Den Lachs waschen, trocken tupfen und in zwei Filets teilen. Das Öl in einer Pfanne erhitzen und die Filets darin bei mittlerer Hitze auf der Hautseite knusprig braten. Dann wenden, vom Herd nehmen und salzen.

2. Die Frühlingszwiebel putzen, waschen und in feine Ringe schneiden. Das Noriblatt in Streifen schneiden. Beides mischen. Den Lachs mit der Unagisauce beträufeln und den Zwiebel-Nori-Mix darauf verteilen.

SERVIEREN

Die Gurke nochmals erhitzen und mit dem Fond in zwei Bowls anrichten. Den Lachs daraufsetzen und mit Sesamöl beträufeln.

HIMBEERGAZPACHO
& OLIVENSTICKS

FÜR 2 PERSONEN

ZUTATEN

Gazpacho
150 g Tomaten
100 g rote Paprikaschote
30 g Staudensellerie
80 g Salatgurke
1 Schalotte
½ Knoblauchzehe
150 g Himbeeren
100 ml Himbeeressig
Salz, Pfeffer, Zucker
200 ml Olivenöl

Olivensticks
1 tiefgekühlte Blätterteigplatte (70 g)
2 Zweige Thymian
½ Knoblauchzehe
50 g schwarze Oliven
10 g getrocknete Tomaten
3 EL Olivenöl
abgeriebene Schale von ½ Bio-Zitrone
Salz, Pfeffer
20 g frisch geriebener Parmesan

Servieren
Olivenöl
Basilikumblätter

Außerdem
Standmixer (z. B. Vitamix Pro 750)

ZUBEREITUNG

Gazpacho
1. Tomaten, Paprika und Staudensellerie waschen und putzen. Gurke, Schalotte und Knoblauch schälen. Alles grob hacken.

2. Die Gemüse mit den Himbeeren und dem Essig im Mixer cremig pürieren. Das Öl langsam untermixen. Mit Salz, Pfeffer und Zucker abschmecken und durch ein feines Sieb streichen. Die Suppe bis zum Servieren in den Kühlschrank stellen.

Olivensticks
1. Den Backofen auf 220 °C vorheizen, ein Backblech mit Backpapier belegen. Den Blätterteig antauen lassen. Den Thymian waschen und trocken schütteln.

2. Thymian, Knoblauch, Oliven und Tomaten fein hacken. Alles mit Öl und Zitronenschale vermischen und mit Salz und Pfeffer abschmecken.

3. Den Blätterteig 2 mm dick ausrollen. Die Olivenmasse gleichmäßig daraufstreichen. Den Teig dann der Länge nach falten, vorsichtig andrücken und längs in 1 cm breite Streifen schneiden.

4. Die Streifen jeweils von beiden Seiten eindrehen und mit dem Parmesan bestreuen. Aufs Blech legen und im Ofen in 5–7 Min. goldgelb backen.

SERVIEREN

Die Suppe in zwei Bowls anrichten, mit etwas Olivenöl beträufeln und mit Basilikum dekorieren. Mit den Olivensticks servieren.

HALB GETROCKNETE CANTALOUPMELONE, ZIEGENKÄSESCHAUM & SERRANO

FÜR 2 PERSONEN

ZUTATEN

Melone
1 Cantaloupmelone
Meersalz, Pfeffer

Ziegenkäseschaum
2 Blatt weiße Gelatine
125 g Ziegenfrischkäse
125 ml Milch
1 EL Honig
Salz

Servieren
Walnussöl
geröstete Pistazien
Gartenkresse
Pfeffer
8 Scheiben Serranoschinken

Außerdem
Standmixer (z. B. Vitamix Pro 750)
Siphonflasche
CO_2-Kapsel

ZUBEREITUNG

Melone

1. Den Backofen auf 100 °C vorheizen, ein Backblech mit Backpapier belegen. Die Cantaloupmelone schälen, halbieren und entkernen. Die Hälften in 5 mm dicke Scheiben schneiden, auf das Blech legen und mit Salz und Pfeffer nach Geschmack würzen.

2. Die Scheiben im Ofen 1 ½ Std. trocknen. Dabei den Ofen alle 10 Min. öffnen und die Feuchtigkeit entweichen lassen.

Ziegenkäseschaum

1. Die Gelatine 10 Min. in kaltem Wasser einweichen. Inzwischen Käse, Milch, Honig und Salz nach Geschmack im Mixer pürieren.

2. Etwas von der Ziegenkäsemasse abnehmen, auf dem Herd erwärmen und die ausgedrückte Gelatine darin auflösen. Die Gelatinemischung dann unter die restliche Masse mixen und nochmals abschmecken.

3. Alles in die Siphonflasche füllen und die CO_2-Kapsel aufschrauben. Die Flasche bis zum Servieren kühlen.

SERVIEREN

Die Melonenscheiben aufrollen und kreisförmig in zwei Bowls anrichten. Zwei Scheiben Serranoschinken in die Mitte legen und darauf den Ziegenkäseschaum spritzen. Mit etwas Walnussöl beträufeln, mit Pistazien und Kresse bestreuen und mit Pfeffer übermahlen. Die restlichen Scheiben Serrano dazulegen.

Bowl: studio1.berlin

GURKENKALTSCHALE, ALOE VERA & KATAIFI

FÜR 2 PERSONEN

ZUTATEN

Kaltschale
300 g Salatgurke
2 Stängel Dill
150 g Joghurt (oder Sojajoghurt,
  wenn's vegan sein soll)
20 ml Gin
30 ml Aloe-vera-Sud
  (von der Aloe vera in Sirup)
abgeriebene Schale von ½ Bio-Zitrone
Salz, Pfeffer, Zucker

Kataifi-Sticks
40 g Kataifi-Teig (Engelshaar,
  aus dem türk. Lebensmittelgeschäft)
2 Stängel Dill
30 g Butter (oder Margarine,
  wenn's vegan sein soll)
Maldonsalz

Servieren
1 Stängel Dill
60 g Aloe vera in Sirup
  (aus dem Asiamarkt)

Außerdem
Standmixer (z. B. Vitamix Pro 750)

ZUBEREITUNG

Kaltschale
1. Die Gurke waschen, den Dill waschen und trocken schütteln. Gurke, Dill, Joghurt, Gin, Aloe-vera-Sud, Zitronenschale und Salz, Pfeffer und Zucker nach Geschmack im Mixer cremig pürieren. Die Suppe abschmecken und bis zum Servieren in den Kühlschrank stellen.

Kataifi-Sticks
1. Den Backofen auf 200 °C vorheizen, ein Backblech mit Backpapier belegen. Den Teig zu zwei 20 cm langen, fingerdicken Strängen formen und aufs Blech legen.

2. Den Dill waschen, trocken schütteln und die Spitzen abzupfen. Die Spitzen auf den Teig streuen und die Teigstränge ineinander verdrehen. Die Butter schmelzen und über die Sticks träufeln. Die Sticks salzen und im Ofen in 5 Min. goldgelb backen.

SERVIEREN

Den Dill waschen, trocken schütteln und die Spitzen abzupfen. Die Aloe vera in zwei Bowls verteilen. Die Kaltschale darübergießen, mit Dill bestreuen und die Kataifi-Sticks dazulegen.

SWEET BOWLS

KÜNEFE
& WALDBEER-JOGHURT-EIS

ZUTATEN

Eis
400 g tiefgekühlte Beerenmischung
60 g Puderzucker
150 g Joghurt
10 ml Grand Marnier (Bitterorangenlikör)
20 ml Zitronensaft
abgeriebene Schale von ½ Bio-Zitrone
Salz

Künefe
160 g Kataifi-Teig (Engelshaar, aus dem
türk. Lebensmittelgeschäft)
1 Büffelmozzarella (125 g)
80 g Butter

Sirup
80 g Zucker
80 ml Orangensaft
abgeriebene Schale von ½ Bio-Orange
Salz, Zimtpulver

Servieren
geröstete Pistazien

Außerdem
Standmixer (z. B. Vitamix Pro 750)
4 Tarteförmchen (9 cm Ø)

ZUBEREITUNG

Eis
1. Beeren, Puderzucker, Joghurt, Likör, Zitronensaft, Zitronenschale und Salz nach Geschmack im Mixer cremig pürieren. Das Eis in eine vorgekühlte Schüssel füllen und bis zum Servieren tiefkühlen.

Künefe
1. Den Backofen auf 190 °C vorheizen. Den Kataifi-Teig auseinanderziehen und in etwa 2 cm lange Stücke schneiden. Die Hälfte davon in den Förmchen verteilen und andrücken.

2. Den Mozzarella in vier Scheiben schneiden und je eine Scheibe mittig auf den Teig legen. Den restlichen Teig über dem Käse verteilen und alles nochmals festdrücken.

3. Die Butter schmelzen und über den Teig träufeln. Die Künefe im Ofen 30 Min. knusprig goldgelb backen. Aus dem Ofen nehmen.

Sirup
1. Inzwischen Zucker, Orangensaft, Orangenschale, Salz und Zimt nach Geschmack in einem Topf aufkochen.

2. Den Sirup etwas abkühlen lassen und über die gebackenen Künefe träufeln. Etwa 5 Min. einziehen lassen, die Künefe dann aus den Förmchen stürzen.

SERVIEREN

Die Künefe nochmals kurz im Ofen erwärmen und in vier Bowls setzen. Jeweils eine Kugel Eis darauf anrichten und mit Pistazien bestreuen.

GUAVENPORRIDGE & GRAPEFRUIT

FÜR 2 PERSONEN

ZUTATEN

Porridge
250 ml Guavensaft
50 ml Passionsfruchtsaft
abgeriebene Schale von ¼ Bio-Orange
¼ Vanilleschote
25 g Zucker
Salz
100 g kernige Haferflocken
100 g Sojacreme (z. B. Soja Cuisine)

Topping
1 rosa Grapefruit
2 Datteln
1 EL Chiasamen

ZUBEREITUNG

Porridge
1. Guavensaft, Passionsfruchtsaft, Orangenschale, Vanilleschote, Zucker und Salz nach Geschmack in einem Topf aufkochen.

2. Die Haferflocken einrühren und 1 Min. kochen lassen. Dann die Sojacreme einrühren. Den Topf vom Herd nehmen und den Porridge noch 5 Min. quellen lassen.

Topping
1. Die Grapefruit dick schälen, dabei auch die weiße Innenhaut mit entfernen. Dann die Fruchtfilets zwischen den Trennhäutchen herausschneiden.

2. Die Datteln entkernen und längs in feine Streifen schneiden.

SERVIEREN

Den Porridge in zwei Bowls anrichten. Die Grapefruitfilets und die Dattelstreifen darauf verteilen und mit den Chiasamen bestreuen.

BEEREN-TAPIOKA & VANILLESAUCE

FÜR 2 PERSONEN

ZUTATEN

Tapioka
100 ml Rotwein
450 ml Kirschsaft
abgeriebene Schale von ½ Bio-Orange
¼ Vanilleschote
frisch geriebene Tonkabohne
Salz
60 g Tapiokaperlen
30 g Zucker
300 g tiefgekühlte Beerenmischung

Vanillesauce
125 g Sahne
20 g Zucker
2 Eigelb (Größe L)
¼ Vanilleschote'
Salz

Servieren
1 Handvoll frische Beeren

ZUBEREITUNG

Tapioka
1. Rotwein, Kirschsaft, Orangenschale, Vanilleschote, Tonkabohne und Salz nach Geschmack in einem Topf aufkochen.

2. Die Tapiokaperlen einrühren und 5 Min. köcheln lassen. Danach den Herd auf sehr schwache Hitze schalten und die Perlen ziehen lassen, bis sie glasig sind. Dabei regelmäßig umrühren.

3. Zucker und Beeren einrühren und den Tapiokapudding 1 Std. kalt stellen.

Vanillesauce
1. Für das Wasserbad in einem Topf etwas Wasser aufkochen. Sahne, Zucker, Eigelbe, Vanilleschote und Salz in einer Edelstahlschüssel vermischen.

2. Die Schüssel dann auf das heiße Wasserbad setzen und die Sahnemischung unter ständigem Rühren erhitzen, bis sie cremig eindickt. Die Sauce vom Wasserbad nehmen und 30 Min. kalt stellen.

SERVIEREN

Die Beeren verlesen, waschen und trocken tupfen. Den Tapiokapudding in zwei Bowls anrichten, mit der Vanillesauce übergießen und mit den Beeren bestreuen.

GEWÜRZ-FRENCH-TOAST

FÜR 3 PERSONEN

ZUTATEN

Bacon
9 Scheiben Bacon (Frühstücksspeck)
Pflanzenöl

Toast
60 ml Milch
60 g Sahne
2 Eier (Größe L)
10 g Zucker
1 TL Stollengewürz
abgeriebene Schale von ½ Bio-Zitrone
Salz
9 Scheiben Kastenweißbrot (2 cm dick)
Pflanzenöl
5 g Butter

Servieren
Puderzucker
Ahornsirup

ZUBEREITUNG

Bacon
1. Den Bacon in einer Pfanne in etwas Öl knusprig braten. Die Scheiben dann auf Küchenpapier abtropfen lassen.

Toast
1. Milch, Sahne, Eier, Zucker, Stollengewürz, Zitronenschale und Salz nach Geschmack verquirlen.

2. Die Brotscheiben von beiden Seiten in die Eiermasse tauchen und vollsaugen lassen.

3. Etwas Öl in der Pfanne erhitzen und die Brotscheiben darin von beiden Seiten goldbraun anbraten. Zuletzt die Butter zugeben.

SERVIEREN

Die gebratenen Brote mit dem Bacon in drei Bowls anrichten. Mit Puderzucker bestäuben und mit Ahornsirup beträufeln.

MANGO-FRÜHLINGSROLLEN & GEWÜRZ-KAFFEE-DIP

FÜR 2 PERSONEN

ZUTATEN

Frühlingsrollen
120 g Mango
90 g Crème fraîche
60 g weiße Schokolade
10 g Kokosblütenzucker
abgeriebene Schale von ½ Bio-Limette
Salz
1 Eiweiß (Größe M)
6 Blätter Frühlingsrollenteig
Pflanzenöl

Dip
250 g Mango
30 ml Orangensaft
40 g Crème fraîche
1 TL Instant-Kaffeepulver
¼ TL Zimtpulver

Außerdem
Standmixer (z. B. Vitamix Pro 750)

ZUBEREITUNG

Frühlingsrollen
1. Die Mango schälen, das Fruchtfleisch vom Stein lösen und in 5 mm große Würfel schneiden. Crème fraîche und Schokolade in einem Topf unter Rühren schmelzen lassen. Kokosblütenzucker, Limettenschale, Mangowürfel und Salz nach Geschmack zugeben.

2. Das Eiweiß glatt rühren. Die Teigblätter halbieren und je 2 TL Mangomasse auf die untere Hälfte geben. Die Seiten einschlagen und die Blätter von unten her aufrollen. Das obere Ende dünn mit Eiweiß bestreichen und die Rollen damit zukleben.

3. In einem Topf reichlich Öl auf 180 °C erhitzen. Die Frühlingsrollen portionsweise im heißen Öl frittieren. Auf Küchenpapier abtropfen lassen.

Dip
1. Die Mango schälen und das Fruchtfleisch vom Stein lösen. Mit Orangensaft, Crème fraîche, Kaffee und Zimt im Mixer cremig mixen. Nochmals abschmecken.

SERVIEREN

Die Frühlingsrollen in zwei Bowls anrichten und heiß mit dem Dip genießen.

EIERLIKÖR
& SCHOKOLADEN-MARSHMALLOWS

FÜR 4 PERSONEN

ZUTATEN

Eierlikör
4 Eigelb (Größe L)
50 g Sahne
40 g Zucker
150 ml Kondensmilch
80 ml Rum
40 ml Weinbrand

ZUBEREITUNG

Eierlikör

1. Für das Wasserbad in einem Topf etwas Wasser aufkochen. Eigelbe, Sahne, Zucker und Kondensmilch in einer Edelstahlschüssel vermischen.

2. Die Schüssel dann auf das heiße Wasserbad setzen und die Eigelbmischung unter ständigem Rühren auf 70 °C erwärmen, bis sie cremig eindickt. Zur Garprobe mit einem Holzlöffel in die Flüssigkeit tauchen und daraufpusten. Kräuselt sich die Creme jetzt auf dem Löffel rosenförmig, ist sie perfekt gebunden.

3. Den Rum und den Weinbrand unter die Eigelbcreme rühren. Die Schüssel vom Wasserbad nehmen, in Eiswasser setzen und abkühlen lassen.

4. Den Eierlikör durch ein feines Sieb passieren, in Flaschen füllen und im Kühlschrank aufbewahren.

Marshmallows
5 Blatt weiße Gelatine
40 g dunkle Schokolade
2 Eiweiß (Größe L)
70 g Zucker
10 ml Likör 43

Marshmallows

1. Die Gelatine 5 Min. in kaltem Wasser einweichen. Die Schokolade grob hacken und in einer Schüssel über dem heißen Wasserbad schmelzen lassen.

2. Die Eiweiße in der Küchenmaschine aufschlagen.

3. Den Zucker mit 3 EL Wasser in einem Topf aufkochen und auf 119 °C erhitzen. Die Temperatur mit einem Zuckerthermometer prüfen oder eine Gabel in den Sirup tauchen und durch die Zinken pusten. Bilden sich jetzt Blasen, ist der Sirup heiß genug.

4. Den heißen Sirup unter Rühren in den Eischnee laufen lassen. Weiterschlagen, bis der Eischnee abgekühlt ist.

5. Die Gelatine ausdrücken und mit dem Likör in einem kleinen Topf auflösen. Die Mischung unter den Eischnee rühren. Zuletzt die geschmolzene Schokolade unterheben.

6. Die Schokomischung in ein mit Frischhaltefolie ausgelegtes Gefäß füllen und im Kühlschrank in etwa 1 Std. anziehen lassen.

SERVIEREN

Den Eierlikör in vier Bowls oder Tassen verteilen. Den Marshmallow in Würfel schneiden und darauf anrichten.

GEWÜRZKÜRBIS
& GEEISTER TÜRKISCHER JOGHURT

FÜR 4 PERSONEN

ZUTATEN

Joghurt
300 g türkischer Joghurt
70 g Honig
1 EL Zitronensaft
50 g Sahne
Salz

Gewürzkürbis
200 g Butternutkürbis
50 g Zucker
1 TL Butter
50 ml Orangensaft
abgeriebene Schale von ¼ Bio-Orange
¼ Vanilleschote
3 Kardamomkapseln
1 Sternanis
1 Zimtstange
Salz
25 g Crème fraîche

Servieren
4 EL Kürbiskerne
2 EL Kürbiskernöl
Salz

Außerdem
Eiswürfelform
Standmixer (z. B. Vitamix Pro 750)

ZUBEREITUNG

Joghurt
1. Den Joghurt in die Eiswürfelform füllen und über Nacht tiefkühlen.

2. Am nächsten Tag die Joghurteiswürfel aus der Form lösen und mit Honig, Zitronensaft, Sahne und Salz nach Geschmack im Mixer in etwa 1 Min. cremig pürieren. Das Eis in eine Schüssel füllen und 30 Min. tiefkühlen.

Gewürzkürbis
1. Den Kürbis schälen und in 1 cm große Würfel schneiden. Den Zucker mit 3 EL Wasser in einem Topf karamellisieren lassen. Die Butter zugeben.

2. Die Kürbiswürfel einrühren und karamellisieren lassen. Orangensaft, Orangenschale, Vanilleschote, Kardamom, Sternanis, Zimt und Salz nach Geschmack zugeben.

3. Den Kürbis bei schwacher Hitze gar köcheln lassen. Die Crème fraîche einrühren und den Kürbis vom Herd nehmen.

SERVIEREN

Die Kürbiskerne mit Kürbiskernöl und Salz nach Geschmack in einer Pfanne anrösten. Den Gewürzkürbis in vier Bowls anrichten und jeweils eine große Kugel Joghurteis daraufsetzen. Mit den lauwarmen Kürbiskernen bestreuen.

WEISSBIER-BREZEL-PUDDING

FÜR 3 PERSONEN

ZUTATEN

Pudding
160 g Brezeln
abgeriebene Schale von ¼ Bio-Orange
200 ml Weißbier
½ Banane

Royale
150 ml Bier
150 g Sahne
45 g Zucker
1 TL Likör 43
1 Ei (Größe L)
3 Eigelb (Größe L)
abgeriebene Schale von ¼ Bio-Orange
Salz

Servieren
Puderzucker

ZUBEREITUNG

Pudding
1. Die Brezeln in grobe Würfel schneiden. Die Würfel dann mit Orangenschale und Bier mischen und 10 Min. quellen lassen.

2. Inzwischen die Banane schälen und in 5 mm dicke Scheiben schneiden. Die Scheiben auf den Boden einer großen Form legen.

3. Die Brezelwürfel in ein Sieb abgießen und auf den Bananen verteilen.

Royale
1. Den Backofen auf 120 °C vorheizen. Dabei ein tiefes Backblech mit in den Ofen (Mitte) schieben und 2 cm hoch heißes Wasser hineingießen.

2. Bier, Sahne, Zucker, Likör, Ei, Eigelbe, Orangenschale und Salz nach Geschmack verquirlen. Die Bier-Sahne-Mischung vorsichtig über die Brezelwürfel gießen.

3. Die Form in das heiße Wasserbad stellen und den Pudding im Ofen 40–50 Min. stocken lassen. Zur Garprobe am Blech rütteln. Wackelt der Pudding nicht mehr, ist er fertig gegart.

SERVIEREN

Den Pudding aus dem Ofen nehmen und etwas abkühlen lassen. Mit Puderzucker bestäuben und warm oder kalt servieren.

SAUERRAHMSCHMARRN & HEIDELBEER-BIRNEN

ZUTATEN

Sauerrahmschmarrn
5 Eier (Größe M)
250 g Sauerrahm
250 g Sahne
200 g Mehl
30 ml Rum
Mark von ½ Vanilleschote
abgeriebene Schale von ½ Bio-Zitrone
frisch geriebene Tonkabohne
Salz
100 g Zucker
Pflanzenöl
50 g geröstete Mandelstifte
50 g Rosinen
Butterflocken
Puderzucker

Heidelbeer-Birnen
1 Birne
150 g Heidelbeeren
40 g Zucker
40 g Butter
100 ml Kirschsaft
5 g geriebener Ingwer
abgeriebene Schale von ¼ Bio-Orange
Salz, Zimtpulver

SERVIEREN

Schmarrn und Früchte in drei Bowls anrichten und nochmals mit etwas Puderzucker bestäuben.

ZUBEREITUNG

Sauerrahmschmarrn

1. Den Backofen auf 220 °C vorheizen. 4 Eier trennen. Die Eigelbe mit restlichem Ei, Sauerrahm, Sahne, Mehl, Rum, Vanillemark, Zitronenschale, Tonkabohne und Salz nach Geschmack glatt verrühren.

2. Die Eiweiße mit dem Zucker steif schlagen und unter die Masse heben.

3. Etwas Pflanzenöl in einer großen ofenfesten Pfanne (oder zwei kleineren) erhitzen. Die Masse hineingeben und mit Mandeln und Rosinen bestreuen.

4. Die Pfanne in den Ofen schieben und den Schmarrn etwa 15 Min. garen.

5. Danach herausnehmen und die Pfanne bei mittlerer Hitze auf den Herd stellen.

6. Den Schmarrn wenden und mit zwei Löffeln in Stücke teilen. Einige Butterflocken zugeben, mit Puderzucker bestäuben und karamellisieren lassen.

Heidelbeer-Birnen

1. Während der Schmarrn im Ofen gart, die Birne schälen, vierteln entkernen und in Spalten schneiden. Die Beeren verlesen, waschen und trocken tupfen.

2. Den Zucker in einem Topf karamellisieren lassen und die Butter unterschwenken. Dann Birne, Beeren, Kirschsaft, Orangenschale, Salz und Zimt nach Geschmack zugeben. Alles bei mittlerer Hitze 5 Min. sämig einkochen lassen.

Bowl: Royal Copenhagen

PAVLOVA, SALZIGE SAHNE
& BALSAMICOBEEREN

FÜR 3 PERSONEN

ZUTATEN

Baiserschalen
3 Eiweiß (Größe L)
150 g Zucker
Salz

Salzige Sahne
125 g Sahne
10 g Zucker
Mark von ¼ Vanilleschote
Salz

Balsamicobeeren
60 g Heidelbeeren
25 g Zucker
2 TL Balsamicoessig
2 EL Orangensaft
abgeriebene Schale von ½ Bio-Orange
Salz

Servieren
1 Handvoll Beeren

ZUBEREITUNG

Baiserschalen
1. Den Backofen auf 120 °C vorheizen, ein Backblech mit Backpapier belegen. Die Eiweiße mit Zucker und 1 Prise Salz steif schlagen.

2. Pro Baiserschale 1 großen EL Eischnee auf das Blech setzen und in der Mitte eine Mulde formen.

3. Die Schalen im Ofen etwa 1 Std. backen. Das Baiser sollte außen knusprig und innen noch weich sein. Herausnehmen und abkühlen lassen.

Salzige Sahne
1. Die Sahne mit Zucker, Vanillemark und Salz nach Geschmack steif schlagen.

Balsamicobeeren
1. Die Beeren verlesen, waschen und trocken tupfen. Den Zucker in einem Topf karamellisieren lassen und mit dem Balsamico ablöschen.

2. Beeren, Orangensaft, Orangenschale und Salz nach Geschmack zugeben und kurz einkochen lassen.

SERVIEREN

Die Beeren verlesen oder putzen, waschen und trocken tupfen. Die Baiserschalen mit etwas Sahne füllen, einige Beeren und Balsamicobeeren darauf anrichten.

MISOCREME, SAKEBIRNEN & KORIANDERCRUMBLE

ZUTATEN

Misocreme
150 ml Milch
150 g Sahne
10 g Butter
20 g Zucker
15 g Misopaste (aus dem Asiamarkt)
10 ml Sake (japanischer Reiswein)
1 Eigelb (Größe M)
20 g Weizenstärke (ersatzweise
  Speisestärke)
75 g weiße Schokolade
Salz

Sakebirnen
1 Birne
40 ml Sake
10 ml Limettensaft
abgeriebene Schale von ¼ Bio-Limette
20 g Zucker
Salz

ZUBEREITUNG

Misocreme

1. Milch, Sahne, Butter, Zucker, Misopaste, Sake, Eigelb, Stärke, Schokolade und Salz nach Geschmack in einem Topf mit einem Schneebesen verrühren.

2. Die Mischung unter ständigem Rühren aufkochen, bis sie cremig eindickt. Die Creme bis zum Servieren abgedeckt kühl stellen.

Sakebirnen

1. Die Birne schälen, vierteln, entkernen und in Spalten schneiden.

2. Sake, Limettensaft und -schale, Zucker, Salz nach Geschmack und 80 ml Wasser in einem Topf aufkochen. Die Birnenspalten hineinlegen und 2 Min. köcheln lassen. Den Topf vom Herd nehmen und bis zum Servieren ziehen lassen.

Koriandercrumble
5 Stängel Koriandergrün
25 g Cashewkerne
40 g Butter
30 g Zucker
60 g Mehl
abgeriebene Schale von ¼ Bio-Limette
Salz

Servieren
30 g weiße Schokoladenraspel

Koriandercrumble

1. Den Koriander waschen und trocken schütteln.
   Die Blätter abzupfen und hacken. Die Cashewkerne
   grob hacken.

2. Butter und Zucker vermischen, dann das Mehl unterkneten. Cashewkerne, Limettenschale und Salz
   nach Geschmack ebenfalls unterkneten. Den Teig
   in Frischhaltefolie wickeln und 30 Min. kühlen.

3. Den Backofen auf 190 °C vorheizen, ein Backblech
   mit Backpapier belegen. Vom Teig grobe Streusel
   abzupfen, aufs Blech legen und im Ofen in 7–10 Min.
   goldgelb backen.

SERVIEREN

Die kalte Misocreme mit dem Schneebesen glatt rühren
und in drei Bowls verteilen. Sakebirnen und Koriandercrumble darauf anrichten und mit Schokoladenraspeln
bestreuen.

KIRSCHBAISER

ZUTATEN

Kokosbiskuit
3 Eier (Größe L)
70 g Kokosblütenzucker
50 g Kokosraspel
50 g Mandelgrieß
30 g Mehl
Salz

Kirschkompott
125 ml Kirschsaft
60 g Zucker
10 g Weizenstärke (ersatzweise
  Speisestärke)
½ Vanilleschote
abgeriebene Schale von ¼ Bio-Orange
Salz
250 g tiefgekühlte Kirschen

Baiser
2 Eiweiß (Größe L)
80 g Zucker
Salz

Servieren
120 g griechischer Joghurt
abgeriebene Schale von ½ Bio-Orange

Außerdem
Bunsenbrenner

ZUBEREITUNG

Kokosbiskuit
1. Den Backofen auf 190 °C vorheizen, ein Backblech mit Backpapier belegen. Die Eier trennen. Eigelbe und Eiweiße getrennt aufschlagen, dann wieder vorsichtig vermischen. Nacheinander Kokosblütenzucker, Kokosraspel, Mandelgrieß, Mehl und Salz nach Geschmack unterheben.

2. Die Biskuitmasse 2 cm hoch auf das Blech streichen oder in eine Kuchenform füllen. Im Ofen in 20 Min. goldgelb backen. Herausnehmen und abkühlen lassen.

Kirschkompott
1. Kirschaft, Zucker, Stärke, Vanilleschote, Orangenschale und Salz in einem Topf verrühren. Die Mischung unter Rühren aufkochen, bis sie eindickt. Die Kirschen einrühren und 2 Min antauen lassen. Das Kompott dann vom Herd nehmen.

Baiser
1. Die Eiweiße mit dem Zucker und 1 Prise Salz steif schlagen, bis ein cremiges Baiser entsteht.

SERVIEREN

Den Biskuit in Stücke teilen und in vier Bowls anrichten. Das Kompott und den Joghurt darauf verteilen. Mit zwei Löffeln eine Baiser-Wolke daraufsetzen und mit dem Bunsenbrenner zart bräunen. Mit Orangenschale bestreuen.

HEU-PANNACOTTA
& APRIKOSEN

ZUTATEN

Heu-Pannacotta
5 g Bio-Heu (etwa 1 Handvoll)
300 g Sahne
100 ml Milch
40 g Zucker
Salz
3 Blatt weiße Gelatine

Aprikosen
3 Aprikosen
1 EL Zucker
1 TL Butter
1 EL Sonnenblumenkerne
50 ml Aprikosensaft
1 EL Zitronensaft
abgeriebene Schale von ½ Bio-Zitrone
Salz

ZUBEREITUNG

Heu-Pannacotta

1. Den Backofen auf 190 °C vorheizen, ein Backblech mit Backpapier belegen. Das Heu auf dem Blech ausbreiten und im Ofen etwa 3 Min. rösten, bis es Farbe annimmt.

2. Das Heu dann mit Sahne, Milch, Zucker und Salz nach Geschmack in einem Topf erhitzen. Die Sahne vom Herd nehmen und 30 Min. ziehen lassen.

3. Die Gelatine 10 Min. in kaltem Wasser einweichen. Die Sahne durch ein Sieb abgießen und wieder leicht erwärmen. Die Gelatine ausdrücken und in der warmen Sahne auflösen. Die Pannacotta in drei Bowls füllen und 2 Std. kühlen.

Aprikosen

1. Die Aprikosen waschen, halbieren und entkernen. Die Hälften in Stücke schneiden.

2. Den Zucker in einer Pfanne karamellisieren lassen. Butter und Sonnenblumenkerne zugeben und im Karamell rösten. Aprikosen, Aprikosensaft, Zitronensaft, Zitronenschale und Salz nach Geschmack zugeben, kurz durchschwenken und vom Herd nehmen.

SERVIEREN

Die karamellisierten Aprikosen auf der Pannacotta anrichten.

VANILLEPASTA
& PASSIONSFRUCHT

FÜR 2 PERSONEN

ZUTATEN

400 ml Milch
100 g Sahne
½ Vanilleschote
10 ml Likör 43
Salz
120 g kleine Muschelnudeln oder andere
kurze Pasta
50 g weiße Schokolade

Servieren
1 Passionsfrucht
1 Handvoll Heidelbeeren
20 g weiße Schokoladenraspel

ZUBEREITUNG

1. Milch, Sahne, Vanilleschote, Likör und Salz nach Geschmack in einem Topf aufkochen.

2. Die Pasta zugeben und bei schwacher Hitze nach Packungsangabe köcheln lassen, bis sie bissfest ist. Dabei gelegentlich umrühren.

3. Die Schokolade in kleine Stücke brechen, unter die Pasta rühren und schmelzen lassen. Die Pasta nochmals abschmecken.

SERVIEREN

Die Passionsfrucht halbieren und das Fruchtfleisch herauslösen. Die Beeren verlesen, waschen und trocken tupfen. Die Pasta in zwei Bowls anrichten. Passionsfruchtfleisch, Beeren und Schokoladenraspel darauf verteilen.

MATCHA-BIRCHERMÜSLI

FÜR 3 PERSONEN

ZUTATEN

50 g Banane
250 g grüner Apfel
½ Bio-Limette
2 Stängel Minze
50 g Honig
250 g Kokosjoghurt
100 ml Kokosmilch
1 TL Matchapulver
50 g geröstete Cashewkerne
80 g Haferflocken
Salz

Servieren
60 g Salatgurke
100 g grüner Apfel

ZUBEREITUNG

1. Die Banane schälen und mit einer Gabel zerdrücken. Den Apfel waschen und bis auf das Kerngehäuse fein raspeln.

2. Die Schale der Limette dünn abreiben und den Saft auspressen. Die Minze waschen, trocken schütteln, die Blätter abzupfen und fein schneiden.

3. Früchte, Limettenschale und -saft, Minze, Honig, Kokosjoghurt, Kokosmilch, Matcha, Cashewkerne, Haferflocken und Salz nach Geschmack in einer Schüssel verrühren. Das Müsli abschmecken und über Nacht im Kühlschrank quellen lassen.

SERVIEREN

Die Salatgurke waschen und in hauchdünne Scheiben schneiden. Den Apfel waschen, entkernen und in Stifte schneiden. Das Müsli in drei Bowls anrichten und jeweils einige Gurkenscheiben und Apfelstifte daraufgeben.

Bowl: ASA

MILCHREIS
& BUTTERKEKSSCHNEE

FÜR 2 PERSONEN

ZUTATEN

Butterkeksschnee
70 g Butterkekse
125 g Butter
20 g brauner Zucker
Salz

Milchreis
10 g Butter
100 g Rundkornreis
10 ml Licor 43
550 ml Milch
abgeriebene Schale von ½ Bio-Zitrone
½ Vanilleschote
Salz
20 g Zucker

Außerdem
rechteckige Form (etwa 13 x 9 cm)

ZUBEREITUNG

Butterkeksschnee
1. Die Kekse zerbröseln. Die Butter in einem Topf erhitzen und bräunen lassen. Dann durch ein mit Küchenpapier ausgelegtes Sieb in eine Schüssel gießen.

2. Die Keksbrösel und den Zucker unter die Butter mischen und mit Salz abschmecken.

3. Die Form mit Frischhaltefolie auslegen. Die Brösel- mischung hineingeben und festdrücken. Die Form abdecken, ins Tiefkühlfach stellen und die Brösel- mischung 1 Std. fest frieren lassen.

Milchreis
1. Die Butter in einem Topf erhitzen und den Reis darin anschwitzen. Mit dem Likör ablöschen und die Milch dazugießen.

2. Zitronenschale, Vanilleschote und Salz nach Geschmack zugeben und den Reis bei schwacher Hitze in etwa 25 Min. ausquellen lassen. Dabei gelegentlich umrühren.

3. Zuletzt den Zucker einrühren und den Milchreis nochmals abschmecken.

SERVIEREN

Die Vanilleschote entfernen und den Milchreis in zwei Bowls anrichten. Den gefrorenen Keksblock aus der Form lösen und über den warmen Milchreis raspeln.

Bowl: Gefertigt von Jasper Donath (Bens Sohn)

RHABARBER-BLOODY-MARY-BOWL

ZUTATEN

Rhabarberschnee
280 g Rhabarber
100 ml Apfelsaft
70 g Zucker
¼ Vanilleschote
abgeriebene Schale von ¼ Bio-Zitrone
Salz
50 g Joghurt
100 g geschlagene Sahne

Geschmorter Rhabarber
125 g Rhabarber
20 g Zucker
10 ml Grand Marnier (Bitterorangenlikör)
10 ml Campari
20 g tiefgekühlte Himbeeren
¼ Vanilleschote
je 1 Stück Bio-Orangen- und
  Zitronenschale
Salz

ZUBEREITUNG

Rhabarberschnee

1. Den Rhabarber waschen, schälen und die Schalen für den Sud aufbewahren. Die Stangen in grobe Stücke schneiden.

2. Rhabarberstücke, Apfelsaft, Zucker, Vanilleschote, Zitronenschale und Salz nach Geschmack in einen Topf geben. Aufkochen und offen weich köcheln lassen. Die Vanilleschote entfernen und den Rhabarber samt Sud im Mixer pürieren. Das Püree in eine Schüssel geben und abkühlen lassen.

3. Den Joghurt und die geschlagene Sahne unter das kalte Püree heben. Die Mischung in ein kleines Gefäß füllen und über Nacht fest frieren lassen.

4. Danach mit einer Gabel vom gefrorenen Rhabarber Kristalle abschaben, sodass schneeartiges Eis entsteht. Den Schnee wieder tiefkühlen.

Geschmorter Rhabarber

1. Den Backofen auf 190 °C vorheizen. Den Rhabarber waschen, schälen und die Schalen für den Sud aufbewahren. Die Stangen in etwa 7 cm lange Stücke schneiden.

2. Rhabarber, Zucker, Likör, Campari, Himbeeren, Vanilleschote, Orangen- und Zitronenschale und Salz nach Geschmack in einem Schmortopf mischen. Mit Alufolie abdecken und den Rhabarber im Ofen etwa 15 Min. schmoren.

3. Danach den Topf aus dem Ofen nehmen und sofort kühl stellen, um den Garprozess zu stoppen.

Himbeer-Wodka-Sud
330 ml Apfelsaft
120 g tiefgekühlte Himbeeren
30 g Zucker
¼ Vanilleschote
abgeriebene Schale von ¼ Bio-Orange
Salz
2 Blatt weiße Gelatine
50 ml Wodka

Servieren
1 Stange Staudensellerie
6 Erdbeeren

Außerdem
Standmixer (z. B. Vitamix Pro 750)

Himbeer-Wodka-Sud

1. Apfelsaft, Himbeeren, Zucker, Vanilleschote, Orangenschale, Salz nach Geschmack und die Rhabarberschalen in einen Topf geben. Aufkochen und bei schwacher Hitze 5 Min. köcheln lassen.

2. Den Sud vom Herd nehmen und abgedeckt abkühlen lassen.

3. Die Gelatine in kaltem Wasser einweichen. Den Sud durch ein Sieb gießen und wieder leicht erwärmen.

4. Die Gelatine ausdrücken und in etwas warmem Sud auflösen. Die Mischung und den Wodka dann wieder unter den Sud rühren. Den Sud über Nacht kalt stellen.

SERVIEREN

Die Selleriestange waschen und mit dem Sparschäler dünne Streifen abziehen. Die Erdbeeren waschen, putzen und in Scheiben schneiden. Die Beeren mit dem geschmorten Rhabarber in drei Bowls anrichten und mit etwas Himbeer-Wodka-Sud beträufeln. Einige Selleriestreifen und etwas Rhabarberschnee daraufgeben.

SCHWARZBIER-CHIBOUST, PUMPERNICKELERDE & ESSIG-ERDBEEREN

FÜR 3 PERSONEN

ZUTATEN

Pumpernickelerde
100 g Pumpernickel
30 g Zarbitterschokolade
10 ml Grand Marnier (Bitterorangenlikör)

Essig-Erdbeeren
90 g frische Erdbeeren
30 g Zucker
2 EL Apfelessig
50 ml Apfelsaft

Schwarzbier-Chiboust
1 Blatt weiße Gelatine
1 Ei (Größe L)
40 g Zucker
200 ml Schwarzbier
20 g Weizenstärke
  (ersatzweise Speisestärke)
10 g Butter
abgeriebene Schale von ¼ Bio-Orange
Salz

Außerdem
Standmixer (z. B. Vitamix Pro 750)

ZUBEREITUNG

Pumpernickelerde
1. Pumpernickel, Schokolade und Likör im Mixer fein zerkleinern. Bis zum Servieren abgedeckt beiseitestellen.

Essig-Erdbeeren
1. Die Erdbeeren waschen, putzen und längs in Viertel schneiden. Zucker, Essig und Apfelsaft verrühren. Die Beeren untermischen und bis zum Servieren kalt stellen.

Schwarzbier-Chiboust
1. Die Gelatine in kaltem Wasser einweichen. Das Ei trennen, Eiweiß und Zucker steif schlagen.

2. Das Eigelb mit Bier, Stärke, Butter, Orangenschale und Salz nach Geschmack in einem Topf verrühren. Die Mischung unter Rühren erhitzen, bis die Masse cremig eindickt. Dann vom Herd nehmen.

3. Die Gelatine ausdrücken und unter die heiße Creme rühren. Den Eischnee behutsam unterheben, die Creme in drei Bowls füllen und 1 Std. kühlen.

SERVIEREN

Die Pumpernickelerde auf den Chiboust streuen und die Essig-Erdbeeren darauf anrichten.

Bowl: studio1.berlin

VERPACKTER BRATAPFEL

ZUTATEN

Füllung
15 g Mandelstifte
100 g Marzipanrohmasse
30 g Butter
1 Eigelb (Größe L)
20 g getrocknete Cranberrys
10 ml Rum
abgeriebene Schale von ¼ Bio-Orange
Salz

Bratapfel
3 Äpfel (Braeburn)
3 Filoteigblätter

Servieren
Puderzucker

ZUBEREITUNG

Füllung
1. Die Mandelstifte in einer Pfanne ohne Fett rösten. Marzipan und Butter verkneten. Eigelb, Cranberrys, Rum, Orangenschale und Salz nach Geschmack zugeben und alles zu einer glatten Masse verkneten.

Bratapfel
1. Den Backofen auf 180 °C vorheizen, ein Backblech mit Backpapier belegen. Die Äpfel waschen und das Kerngehäuse herausstechen. Die Marzipanmasse in die Äpfel füllen.

2. Die Äpfel auf ein Backblech setzen und im Ofen in 25–30 Min. weich garen. Herausnehmen und etwas abkühlen lassen.

3. Die Teigblätter auf der Arbeitsfläche ausbreiten und je 1 Bratapfel mittig daraufsetzen. Den Teig rundum nach oben klappen und die Äpfel vollständig umhüllen. Den Teig fest andrücken.

4. Die Backofentemperatur auf 210 °C erhöhen. Die Äpfel wieder aufs Blech setzen und im Ofen nochmals etwa 10 Min. backen, bis der Teig knusprig ist.

SERVIEREN

Die Bratäpfel in drei Bowls anrichten und mit etwas Puderzucker bestäuben.

Bowl: studio1.berlin

BIENENSTICH

FÜR 3 PERSONEN

ZUTATEN

Hefecreme
100 ml Milch
200 g Sahne
10 g Hefe (¼ Würfel)
40 g Zucker
10 g Butter
10 ml Rum
1 Eigelb (Größe L)
20 g Weizenstärke
   (ersatzweise Speisestärke)

Brioche-Croûtons
60 g Brioche
30 ml Pflanzenöl
20 g Butter
1 TL Zucker
abgeriebene Schale von ⅛ Bio-Orange
Salz, Zimtpulver

Mandelkrokant
50 g Mandelblättchen
30 g Zucker
½ TL Butter
Salz

Servieren
90 g Himbeeren

ZUBEREITUNG

Hefecreme
1. Milch, Sahne, Hefe, Zucker, Butter, Rum, Eigelb und Stärke in einem Topf mit einem Schneebesen verrühren.

2. Die Mischung unter ständigem Rühren aufkochen, bis sie cremig eindickt. Die Creme in eine Schüssel füllen und bis zum Servieren abgedeckt kühl stellen.

Brioche-Croûtons
1. Die Brioche in grobe Würfel schneiden. Das Öl in einer Pfanne erhitzen und die Würfel darin goldgelb rösten.

2. Butter und Zucker zugeben und die Pfanne schwenken, bis die Butter bräunt. Die Croûtons mit Salz und Zimt nach Geschmack bestreuen und auf Küchenpapier abtropfen lassen.

Mandelkrokant
1. Die Mandelblättchen in einer Pfanne ohne Fett goldgelb rösten. Inzwischen den Zucker mit 2 EL Wasser in einem Topf aufkochen und karamellisieren lassen.

2. Die warmen Mandeln, die Butter und 1 Prise Salz unterrühren. Den Krokant dann auf Backpapier ausbreiten.

SERVIEREN

Die kalte Hefecreme mit dem Schneebesen glatt rühren. Die Beeren verlesen, waschen und trocken tupfen. Jeweils einige Himbeeren und Croûtons in drei Bowls verteilen und etwas Hefecreme daraufgeben. Die restlichen Beeren und Croûtons darauf anrichten und mit dem Mandelkrokant bestreuen.

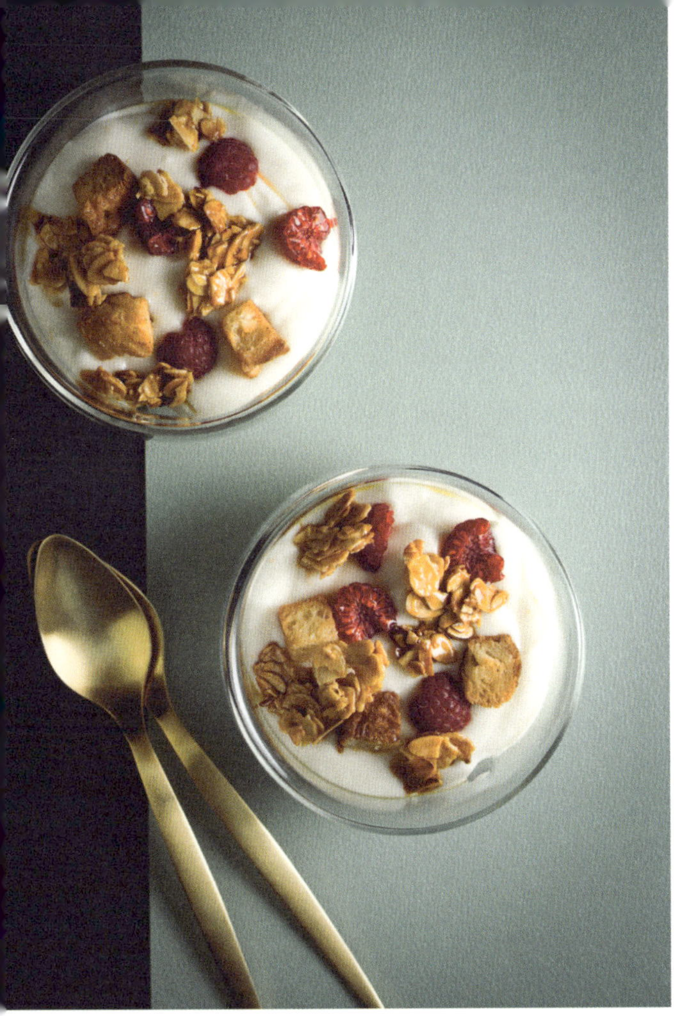
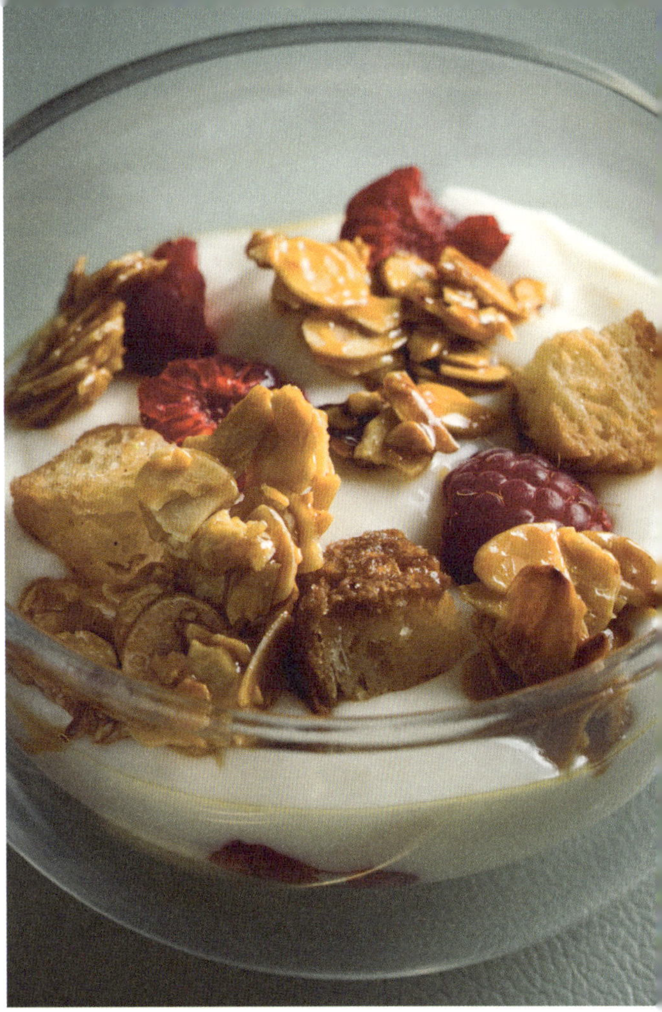
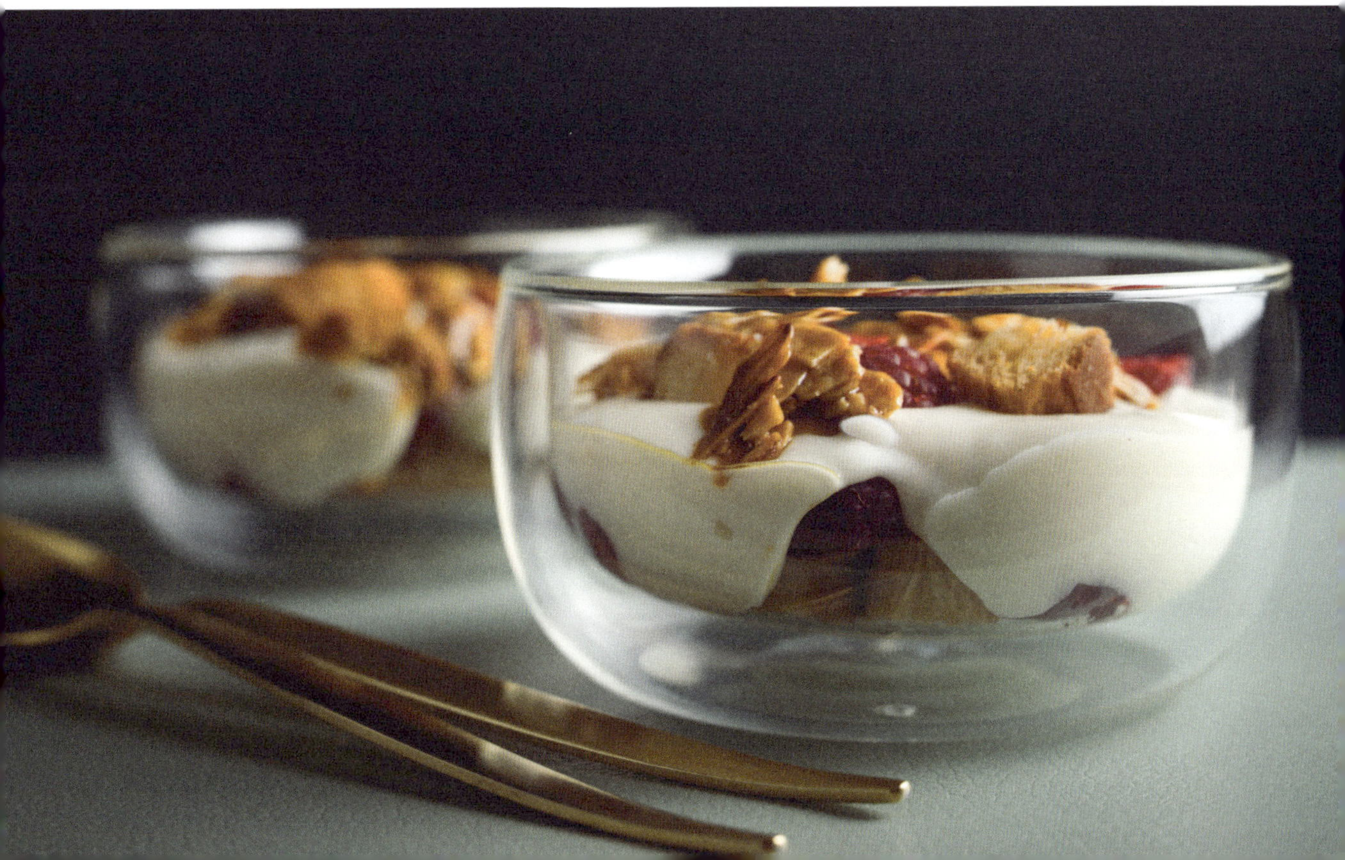

CANTUCCINI
& SÜSSE GUACAMOLE

FÜR 3 PERSONEN

ZUTATEN

Cantuccini
190 g Mehl
¼ TL Backpulver
135 g Zucker
20 g Butter
2 Eier (Größe M)
65 g Pekannüsse
65 g Mandeln
abgeriebene Schale von ¼ Bio-Orange
Salz, Zimtpulver

Guacamole
1 reife Avocado
½ Banane
1 EL Limettensaft
abgeriebene Schale von ½ Bio-Limette
20 g Honig
Chiliflakes, Salz

Außerdem
Mehl zum Arbeiten
Standmixer (z. B. Vitamix Pro 750)

ZUBEREITUNG

Cantuccini

1. Den Backofen auf 200 °C vorheizen, ein Backblech mit Backpapier belegen. Mehl, Backpulver, Zucker, Butter und Eier zu einem glatten Teig verkneten. Nüsse, Mandeln, Orangenschale sowie Salz und Zimt nach Geschmack unterkneten.

2. Den Teig auf einer bemehlten Arbeitsfläche zu zwei etwa 40 cm langen Rollen formen. Die Rollen aufs Blech legen und im Ofen in etwa 15 Min. goldbraun backen.

3. Die Rollen herausnehmen und 15 Min. abkühlen lassen. Dann mit einem Sägemesser schräg in 5 mm dicke Scheiben schneiden.

4. Die Scheiben mit der Schnittfläche aufs Blech legen und im heißen Ofen bei 180 °C etwa 5 Min. rösten.

Guacamole

1. Die Avocado halbieren und entsteinen. Das Fruchtfleisch aus der Schale lösen und 175 g abwiegen. Die Banane schälen und 70 g Fruchtfleisch abwiegen.

2. Avocado, Banane, Limettensaft, Limettenschale, Honig sowie Chiliflakes und Salz nach Geschmack im Mixer cremig pürieren. Die Guacamole nach Geschmack nachwürzen.

SERVIEREN

Die Guacamole in drei Bowls anrichten und mit den warmen Cantuccini servieren.

Bowl: ASA

ÜBER UNS

BENJAMIN DONATH

Ben ist Konditormeister, Hobbyfotograf und begeisterter Foodblogger. Auf seinem Blog *EateryBerlin.com* veröffentlicht er wöchentlich Rezepte, die mit ihren Fotos zum Nachkochen oder Kreativwerden einladen. Er arbeitet in einem Berliner Fünf-Sterne-Hotel und versucht dort seine Gäste jeden Tag aufs Neue zu begeistern. Mit diesem Hintergrund steht Ben für das Gelingen der Rezepte in diesem Kochbuch. Seine Leidenschaft für Essen ist zu seinem Beruf geworden. So tragen die Desserts mit ihren ausgewählte Aromen und verschiedenen Texturen seine Handschrift. Doch nicht nur der süßen, auch der herzhaften Küche hat sich der gebürtige Potsdamer verschrieben. Seine Tätigkeit in verschiedenen Küchen und Ländern hat ihn buchstäblich über den Desserttellerrand hinausschauen lassen. Kochen ist für Ben mehr als eine Berufung: In der Küche kann er sich kreativ ausleben, seine Gäste begeistern oder einfach nur den Alltag ausblenden. Ben widmet sich den Produkten stets mit Respekt und Hingabe. Dabei ist er stets darauf bedacht, ihren ursprünglichen Charakter nicht zu verlieren, sondern lediglich zu unterstützen. Für ihn hat ein einfach gekochtes Essen genauso viel Aufmerksamkeit und Liebe verdient wie ein hochklassiges Menü. Er liebt das direkte Feedback, das schon beim ersten Bissen durch Gestik und Mimik zu erfahren ist. Das schönste Lob für Ben sind die kleinen Momente, wenn die Augen das erste Mal über das Essen schweifen und vor Begeisterung erstrahlen, wenn die Nase die erste zarte Note der Gewürze schnuppert und der Löffel das erste Mal zum Mund geführt wird. In diesem Moment erkennt jeder sofort, ob ein Essen wohlschmeckend ist, ohne das es hierfür Worte bedarf.

WWW.EATERYBERLIN.COM

VIOLA MOLZEN

Schon als kleines Mädchen war der Satz „Essen ist fertig" für Viola der allerschönste. Orte und Reisen verknüpft sie stets mit Gerichten, die sie dort gegessen hat: Pizza auf dem Eifelturm, Pfefferminzeis in Irland, Chorizo-Brioches in Lissabon oder Ananas-Pfannkuchen in Vietnam. Die Liste ist lang. Bisher lebte die Hobbyköchin in den USA, den Niederlanden und der Türkei, derzeit ist sie in Berlin zu Hause. Nicht nur die besondere Gabe des Orte-Essen-Memorys beweist ihre übergroße Liebe zum Essen. Auch die Fotos von Viola sind Bestätigung genug: Ob als Kind, Teenager oder Erwachsene, auf fast jedem Foto ist die gebürtige Lüneburgerin essend abgebildet. Wenn sie als kleines Mädchen Heidi im Fernsehen schaute, war sie neidisch auf die frische Ziegenmilch und die leckeren Raclette-Käsebrote, die Heidi jeden Tag verzehren durfte. Sie summt bei gutem Essen und beherrscht die Kunst, Lebensmittel lieben zu lernen. Mag sie etwas nicht, wird es so lange probiert und gegessen, bis es ihr schmeckt. Viola ist aus tiefstem Herzen Gastgeberin, Vollzeit-Genießerin und sie kocht am liebsten türkisch: mit viel Kreuzkümmel, Zimt und vor allem mit ganz viel Liebe.

DANKSAGUNG

Ein so wunderbares Projekt wie *Bowl Stories* ist natürlich auch ein Stück weit durch so großzügige Kooperationspartner, wie wir sie hatten, zu dem geworden, was es jetzt ist. So sind wir sehr dankbar für die vielen Bowl-Leihgaben und das großartige Equipment, das uns so manches Gericht überhaupt erst ermöglicht hat. Weiterhin bedanken wir uns für das Vertrauen, welches teNeues uns entgegengebracht hat, um dieses Buch – unser erstes – schreiben zu können. Ohne das alles und ohne die vielen Hände und Helfer rundherum, die wir hier leider nicht alle aufzählen können, wäre dieses Buch für uns nicht möglich gewesen. Wir sind mehr als begeistert, stolz und unglaublich glücklich.

Unser ganz besonderer Dank gilt: 3PunktF, ASA, ferm Living, Royal Copenhagen, Staub / ZWILLING, studio1.berlin und Vitamix.

INDEX

IMPRESSUM

© 2016 teNeues Media GmbH & Co. KG, Kempen

Texte & Fotos: Ben Donath & Viola Molzen
Design & Layout: Sophie Franke
Lektorat: Petra Teetz
Projektmanagement: Regine Freyberg
Herstellung: Nele Jansen
Bildbearbeitung & Proofing: David Burghardt/
db-photo.de

Bibliografische Information der Deutschen Nationalbibliothek. Die Deutsche Nationalbibliothek verzeichnet diese Publikation in der Deutschen Nationalbibliografie; detaillierte bibliografische Daten sind im Internet über http://dnb.dnb.de abrufbar.

ISBN: 978-3-8327-3422-0
Gedruckt in Spanien von Estellaprint

Published by teNeues Publishing Group

teNeues Media GmbH & Co. KG
Am Selder 37, 47906 Kempen, Germany
Phone: +49 (0)2152 916 0
Fax: +49 (0)2152 916 111
e-mail: books@teneues.com

Press department: Andrea Rehn
Phone: +49 (0)2152 916 202
e-mail: arehn@teneues.com

teNeues Publishing Company
7 West 18th Street, New York,
NY 10011, USA
Phone: +1 212 627 9090
Fax: +1 212 627 9511

teNeues Publishing UK Ltd.
12 Ferndene Road,
London SE24 0AQ, UK
Phone: +44 (0)20 3542 8997

teNeues France S.A.R.L.
39, rue des Billets,
18250 Henrichemont, France
Phone: +33 (0)2 48 26 93 48
Fax: +33 (0)1 70 72 34 82

www.teneues.com

„Blatt" Icon von Oliver Rooker, „Hühnerschenkel" Icon von Majo Puterka, „Fisch" Icon von Creative Stall, „Weizen" Icon von Ruben Filipe, „Milchkarton" Icon von Aneeque Ahmed von thenounproject.com.

GENIESSEN MIT teNeues